料理

在往山裡去的地方，

九種食材從山到海建構出客家飲食

風土

蕭秀琴——著

目次

前言

二〇二二年二月二十四日清晨，俄羅斯向烏克蘭的哈爾科夫炸彈砲擊，下午去散步，看見人行道曬滿了蘿蔔乾；世界和個人連結，莫過於一九一四年八月二日的卡夫卡日記：「德國向俄國宣戰。下午去上游泳課。」二十一世紀之後，很常引用這一行字，FB動態回顧八年前五月的一天也跳出這則日記，那是俄羅斯佔領克里米亞半島後，世界不以為意之時；若無閒事，五月初夏時節，可以開始挖桂竹筍。

俄羅斯平原是世界糧倉，烏克蘭與俄羅斯都是原物料供應大國，兩國的小麥供應量佔世界三分之一，葵花籽油高達八成都來自於此，還有大麥等各種雜糧作物輸出供應全球。戰爭發生兩週後，各地麵包店在預期中應聲喊漲，臺式早餐店的燒餅饅頭和總匯三明治，饅頭已無法買十送一，吐司夾蛋漲五塊，每樣用料都要謹慎小心計算成本，世界因為一場戰爭吞下不知所謂。

或許物資匱乏醞釀已久找到漲價契機，在戰爭之前有武漢肺炎（Covid-19）持續擾亂等不到結束的一天，另一個持續的、累積更久的，自二十一世紀初起，就不斷以重大自然災害提醒人類的聖嬰現象、颶風、森林火災、乾旱等激烈氣候，告訴我們地球暖化帶來毀滅性的災難，已經危及人類在這個星球的生存，糧食危機最先遭殃受苦的人類是農民，面對提供人類食物的地球環境崩潰，無法可施並遭受生存威脅，沒有農民就沒有食材，以風土條件創造的地方飲食，是否可以存續？

正在發生的世界是寫作這本書的前提，也是動力─活在當下是什麼感覺，我生活的這個地方是怎樣一個地方，它如何就成了現在這個樣子，讓人吃到美味或者難以下嚥，成了追索答案的初衷。再說遠一點，必須回到二〇一一年四月一日，好似在沼澤上漫舞的春天，跟著一百年前的醫生文學家賴和和臺灣第一位醫學博士杜聰明的路徑走一遍，於我而言，這是有意識地認識家鄉的開始，是我的臺灣風土啟蒙。

《跟著賴和去壯遊》是客家電視臺製作，林靖傑導演的紀錄片，當時的臺長徐青雲找我參與這部片，超過一年的時間沈浸在這條路線上——沿著臺三線的起點（忠孝西路中山南路口）走到南庄峨嵋交界的獅頭山轉彎沿中港溪而下到竹南，順著現在的臺六十一號公路走到彰化——這條賴和在臺北總督府醫學校（現今臺大醫學院的前身）就讀第一年，寒假回家過年的路線。

若用幾何圖形來看，以三條線構成，它們是舊稱內山公路、中港溪與臺灣西海岸線，線條畫起來看似一張椅子，椅背是雪山山脈、坐墊是丘陵流域，腳踏後龍溪口到大肚溪口。紀錄片真正拍攝的時間只有一週，但從那時起至今十年的時間裡，只要跟這個旅途有關的任何訊息，都能奪走我的目光。

動筆寫這本書時，並沒有意識到跟這部紀錄片有什麼關聯，直到快寫完，朋友問起《料理風土》寫哪裡，是啊，寫哪裡，我的家鄉在哪，我的鄉親吃些什麼怎麼吃，該如何介紹自己日常吃的食物，被稱作客家菜的地方料理，如何介紹家鄉獅頭山腳下中港溪旁逶迤到臺灣海峽的淺山丘陵及其流域，閩客移民最初上岸的地方。我的生活圈從臺北移動到頭份，被整條雪山山脈包圍，好天氣時，每天一早在浴室就可以跟加里山說哈囉，這般廣邈讓人不能三兩句說清楚，就像我無法簡單的描述，梅干扣肉應該不是客家人的說法，至少不是臺灣客家人的語言，而是借用他人的用語創造出來的客家名菜。

快要定稿前才想起來，十年前為了拍這部紀錄片，記下的筆記、註記的資料，跟我現在寫的地方風土重疊了，也憶起那段旅程的中點，當劇組從獅頭山下來看見中港溪時，讓我差一點哭出來，原來回到家是這種感覺，連出國幾年回來都不曾有的感受。

這本書分成三篇，每篇以三種作物或食材來描述大甲溪以北、雪山山脈以西，不包括基隆臺北的地方，以及他們怎麼吃如何使用這裡的物產。

第一部份〈浪漫臺三線〉間接提出沿著歷史上的隘勇線建造的內山公路，雪山山脈山腳下的客家人，在拓殖的過程中發展出以柑橘、竹筍和茶，這三種經濟作物的風土文化。柑橘是世界產量最大的水果之王，島嶼亦如是，在地理人文上有柑橘的地方就有客家人，換句話說，柑橘種植是跟著客家人落地，至於用我最早寫的柑橘類果物「南庄橙」破題，有原生種復育的象徵意義和柑橘在各個時代如何被運用。竹筍則是重要的風物，其中桂竹筍是臺灣原生種，也是竹苗地區獨有的特產，在客家飲食上炆筍乾成了經典菜餚，自有落地生根的意義。用舉世獨有的東方美人茶也就是膨風茶工藝，從北埔出發峨眉發揚光大，已成了臺灣人的驕傲，以此來了解客家人如何耕耘地方。

第二篇〈森林是里山的最初〉，當人們說起島嶼地貌總先說最令人矚目的連綿山脈上巍然屹立的百岳，事實上，大部分的人是在逶迤而下如水擴散的流域裡開枝散葉，里山從日本而來，指如何經營淺山丘陵成為宜居的所在，在森林裡種植香菇、在流域之間發展聚落，耕耘賴以維生的主食稻米，種植的芥菜，把日常飲食提升到成為族群文化的產物。三種作物是香菇、稻米和芥菜，香菇自日治開始研究種植，具有精緻文化的意涵，不管是臺灣料理中的精緻飲宴還是地方料理客家菜，有了香菇就有了高級感。主食稻米以及伴隨而生的米食文化，是最能理解臺灣禮俗，而客家人依歲時做粄到米粉和粄條的吃法，從一個族群生活方式理解地方風土，並以臺灣人喜愛香米的基因，用每一代農試所研究人員為此育種的成果為經緯來敘事；再加上稻田休耕時期發展出來的種芥菜，如何孕育了符合風土飲食、保存食物的常民文化，醃漬與保存最能看出一方風土。

最後用〈海線一百年〉的海味、黑豬肉和芋仔番薯總結現代臺灣人的飲食風貌，一九二二年竹南到彰化的臺灣鐵道海岸線完成，至今苗栗、臺中一帶的海線火車站仍然是小鎮生活核心區域，在這裡生活，以火車為交通工具，尤其有些站保留住的日治時期建築物，成了一種鄉愁。島嶼飲食離不開漁獲，臺灣獨特的海產店小吃是飲宴文化的基礎，相較於此，客家人傳統飲食中的海味是可以保存的乾貨，蚵仔乾煮粥、丁香魚乾給貓吃，只有季節性的河鮮或埤塘的鰱魚做成紅燒較常見，於是吃豬肉就成了所有臺灣人的共同記憶，甚至是內建了DNA，吃黑豬肉成了執念，除了豬毛之外，能夠把整條豬都吃下肚。最後全書用芋和甘薯做結尾，用了芋仔番薯的現代隱喻，以及臺灣人在飲食上總是能創造出自我風格，詮釋臺灣四百年來地方風土飲食，並發展出可以風行全世界的食物，就像是珍珠奶茶和鹽酥雞。

回頭看一六〇三年成書的陳第《東番記》中紀錄：「蔬有蔥、有薑、有番薯、有蹲鴟（大芋頭），無他菜。」用這一則臺灣史前時代的紀錄來提醒所有的閩客移民，別忘了我們的平埔阿嬤血緣，這方土地的身世比你我所知的更深邃，島嶼上最早吃粢粑的人或許不是客家人，而是沙轆社在現今臺中地區的平埔族人吃的都都，黃叔璥在〈番俗六考〉寫的詩：「官廚未識都都味，首頂粢盤眾婦先。」這場景跟客家人在宴客時先請客人用粢粑是同樣的習慣，並描述了都都的做法是：「糯米蒸熟，舂為餅餌，名都都。」也跟粢粑的作法一樣。

剛開始寫這本書時，沒有想到會處理到四百年前的記憶，一但著手追蹤就不得不面對所來之處，移民島嶼的飲食雖然離不開原鄉帶來的習慣與記憶，然而落地生存要面對的則是更龐大的自然體系，人也不得不尋求生存之道，在料理上轉化適應地方物候，因此，這本書在理解菜餚演變的過程，參考《東番記》、《熱蘭遮城日記》、《臺海使槎錄》、清代的府誌和縣誌，以及日治時期的研究資料或日記與作品，來推論在地生活如何使用書裡提到的食材物資，料理技藝如何發展累積。

在很長一段時間，臺灣人寫料理典故愛用中國千年史，吃爌肉想到東坡肉，吃蛋炒飯以為是從揚州炒飯而來，事實上在料理的譜系上，並沒有中國料理這一說，有的只是粵菜、閩菜或四川菜……等等，中國是政治的語言，以地名敘事才有風土的精神，這本書無疑以客家菜為出發，所以梅干扣肉是借用廣東人梅菜的說法，臺灣的客家人說芥菜為大菜，初階鹽醃叫鹹菜，稍微曬乾保留濕潤度裝瓶叫卜菜（覆菜），曬乾如柴叫鹹菜乾而不是梅干，但梅干扣肉說法援引為用，用久了也叫出名來。

儘管如此，這本書大部分的創作動力仍然來自於我的生活經驗與感知，回顧生命史中與飲食有關的故事，並應證當代的飲食風貌，無法周全，只是一個追尋答案的過程紀錄。

寫這篇文章的此刻，世界正被通貨膨脹、物價高漲所苦，臺灣人當然包含在內，人類這一波大變動如海嘯狂捲，這又讓我想起二〇一一年三月十一日下午，正在彰化中學採訪拍攝紀錄，看著在籃球場上打球的高中生，青春活力讓人欣羨，導演手機響起，他看著傳來的簡訊說，「我該不該回臺北把車移走。」他說車放在淡水河五號水門附近，待會海嘯來襲可能會被淹到，心裡嗤笑他杞人憂天，那時還沒看過海嘯席捲福島的畫面，後來明白導演的憂慮是可能發生的災難，意外災害會讓人永遠都回不到從前。

不知道何時會結束的武漢肺炎（Covid-19）蔓延混亂，每天都有新的新常態（New Normal）改變世界運作規則，去年乾旱今年水災土石流，一場遲遲不退的梅雨將小綠葉蟬打掉，沒有小綠葉蟬叮咬過的茶葉，做不出東方美人茶，環境改變飲食跟著變，這就是風土條件。

二〇二一年六月三十日　蕭秀琴

之一 浪漫臺三線

南庄橙：如何找到自己

桂竹筍：如何界定邊界

東方美人茶：如何以你之名

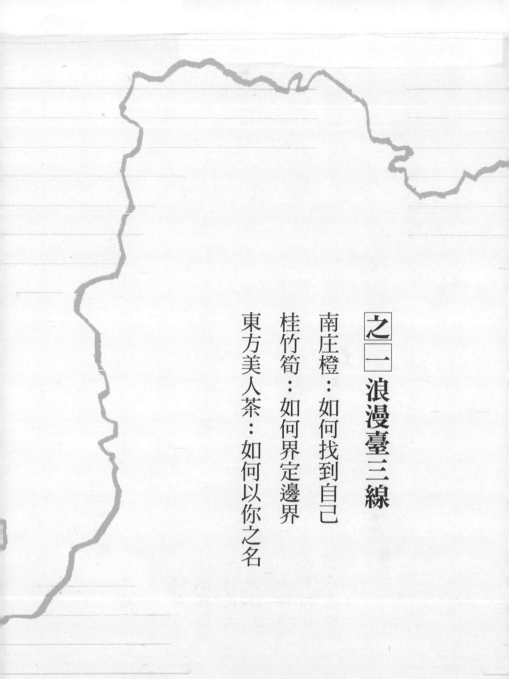

北起桃園市平鎮，南迄臺中市新社，全長一百五十多公里，經過四個縣市，十七個鄉鎮。全線依雪山山脈西緣而行，客家移民大部分自頭前溪到大安溪口上岸，尤其是後龍溪口和中港溪口上岸後往山區逐漸拓殖，在流域和丘陵地帶開枝散葉。

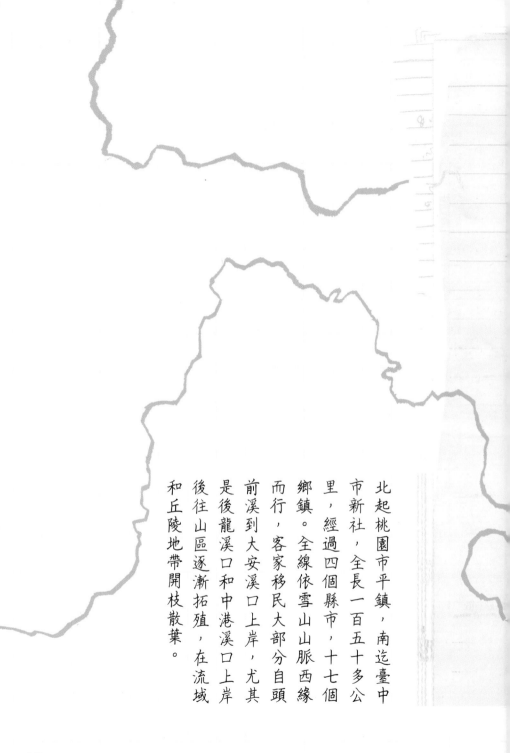

南庄橙 如何找到自己

桶柑在神主牌前找到自己，肚臍柑在遷徙的過程中找到自己，南庄橙在所來之處找到自己；存在就是一種價值。

如果要選一種水果代表臺灣，我會選柑橘類，如果要選一個地方當臺灣柑橘的地標，我會選臺三線，而且要叫它橙色大道，誰能否認臺三線上坐落公路兩旁大大小小的橘園，從秋天到春天，一顆一顆橘色小球猶如冬陽讓人暖意漸生，心情隨之歡快。

柑橘對很多創作者而言，並不是容易下手的題目，太多人以此為主題創作，不論是文學、戲劇、繪畫，甚至各種工藝，何況以柑橘為食材的廚師，一向能把柑橘料理做成藝術品，就像蘇格蘭舉行的《世界柑橘類果醬大賽》（*The World's Original Marmalade Awards & Festival*）中的作品，臺灣的得獎者柯亞把金棗與酒發揮到極致，陳韻筠和楊紫喬母女的茂谷柑出奇制勝，玫開四度的玫瑰花和橘子，以及臺南林韡動的柳橙有獨特的熱帶風味，臺灣人用各種橘子征服世界。

另一個原因卻是，它太普通、太常見，對臺灣人而言，除了初夏到秋無法摘到新鮮柑橘之外，其他月份都能吃到柑橘屬（citrus）的新鮮水果。

然而偉大的作家就是能平凡卻深刻，以柑橘為名的短篇小說當數芥川龍之介的《蜜柑》最溫暖，被從火車裡丟出來的「五六個顏色讓人雀躍，像陽光一樣暖和的蜜柑」砸到的三個男孩，因為得到小小溫暖而歡愉，讀著也心滿意足，從自身出發寫這顆全世界產量最大的水果，啟發眾生，每個人都有自己的柑仔故事，無法類比且鏤刻心底。

畫家陳進於一九二八年以〈蜜柑〉參加臺展，描繪一位穿和服的女性坐姿優雅正在剝橘子，這位新竹香山出身的畫家此刻在東京繪畫學校求學，一生描繪多幅女性素描傳世，從穿和服、漢服到西洋水手服，「畫家住在那裡，所以自然畫那裡的風俗，現在回來臺灣，就畫臺灣的風俗，這樣才有意思。」〈陳進訪談錄〉

陳進這段話是回應她在一九二九年自日返臺後畫風一轉，開始以穿漢服的女性為創作題材，事實上，那一年在《臺灣民報》擔任記者的黃旺成去採訪她不遇，回家寫了一篇新埔的蜜柑準備做農曆年專題，就是後來刊登在報紙上的〈新埔蜜柑的聲價〉（一九三〇年一月一日，頁九）一文。介紹新埔蜜柑的歷史，新埔的地形適合栽培柑桔之外，也介紹當地業者研究栽培方式，庄役場每年派技術員到實地教授、指導剪定和施肥方式。（臺灣日記知識庫譯注）

意識到橘子是一種上天給予的禮物，是在小學一二年級時，住在十股山裡，要越過墳墓、埤塘尾、竹林之後才能到家的同學，是家裡有好幾座山頭都在種橘子的果農家小孩，每到接近寒假的期末考前，就會帶未上市的橘子送老師，很明顯的那幾天老師比較不介意他上課遲到，幫他向同學解釋山路遙遠，學習不易。

老家位於往山區要道的路口上，同學每天上學下課必得經過家門口，三合院大門敞開禾埕空曠，凡是我被家人處罰的事蹟，他晚歸被打回家的行為，第二天全班都會知道，我們倆是最熟悉彼此的死對頭，對他送橘子給老師的行為真是不屑，但是他媽媽也常常送橘子到我家嚐鮮，讓人矛盾又困擾。

跟一般人印象不同的是，對我來說，深山裡的窮鄉僻壤並不存在，山裡是埋寶藏的地方，至少我知道住在山裡的同學都家有恆產，大片的橘子園，一整座山的竹林或香杉，山裡的大埤塘有魚，周圍養羊的牧場每天凌晨就把羊奶送到我家門口掛著的木盒裡，是我大妹每日必喝的飲料。

同學家種的是桶柑（Citrus tankan），也是苗栗以北最多的柑橘種類，而我比較喜歡桶柑的變異種海梨（*Citrus tankan Hayata f. hairi Hort*），細緻不酸，對怕酸的人來說，吃海梨是比較保險的選擇。桶柑在每年春節前後盛產，又稱年柑，客家人過年祭祀則用虎頭柑（*Citrus aurantium L. cv. Hutou Gan*）來「䡎神桌」（壓桌頭），從除夕一直放到天穿日（農曆正月二十）出年假，才收回放假的心神。

除了供神，虎頭柑最大的作用是做酸柑茶，苗栗地區很多人家會在庭院或在菜園邊角種一棵一年只結十來顆的大橘子，皮皺皺圓滾滾，勝在大顆皮厚，但數量少能分送的親友也不多，有些親戚就會好心地做好酸柑茶再送人。

酸柑茶治咳嗽養肺氣，家住三灣有好幾甲橘園的姨丈有一手好技法，將橘蒂一頭以圓形挖開七八公分取出果肉，通常以黃柑茶為主，加了一些甘草和挖出來的果肉混合後回填橘肚裡，經過蒸、曬、壓三個循環直到滿意為止，傳說中的九蒸九曬是指很多次的意思，亦即嚴謹的師傅會確實做到九蒸九曬，若遇上多雨時節，陽光就以炭火烘烤來取代，橘皮精油滴入炭火的香氣，讓人迷醉。

曬乾的橘皮就是中藥的陳皮，是理胃氣的藥材之一，在冬天，泡半年前做好的酸柑茶治咳嗽是常見的用法，而我聽過最華麗的吃法是一口氣拿一顆來煮兩鍋茶葉蛋，想想就讓人垂涎三尺。

客家人保存食物的傳統，從釀造到曬乾，從繁瑣的糟嫲（zo'ma，紅糟）醃肉到簡易的菜乾曝曬，從

虎頭柑最大的作用是做酸柑茶，治咳嗽養肺氣，以蒸、曬、壓三個循環製成，傳說中的九蒸九曬是指很多次的意思，亦即反覆多次同樣的工序。

預防糧食匱乏到至今解決過剩的食材，都說明對地方風土的深刻理解。為解決容易生產過剩的桶柑，桶柑餅應運而生，是將近二十年來愈臻成熟的手藝，並在逐步商業化的過程中，有了經典食譜。

事實上，最初是為了處理客家人說的火燒柑而發展出的桶柑餅，用季末被風、陽光、大自然中的微生物洗禮過的桶柑來製作，住在產區的人都知道，火燒柑才是真正有熟果風味的真滋味，只是賣相不好而已。

用火燒柑來做桶柑餅，當然是等到季末把枝頭上熟成的果實一顆都不留的採集下來清洗，燒熱水汆燙殺菌，再泡冷水去橘皮苦澀味，取出，將橘皮劃開八道縱向切口保留頭尾不切斷的完整性，與冰糖、麥芽

季末的桶柑，雖然表皮有瑕疵，甚至看起來有黑黑的斑紋，但熟果風味非常迷人。

糖入鍋熬煮至乾，邊煮邊壓扁，最好能將籽都壓出來，精緻的桶柑餅必定無籽，取出靜置整形放涼，再包裝。保存良好的客家保存食，可食用時間並不是問題。

最富盛名的客家醬料莫過於桔醬，聽過好幾次住桃竹苗地區的朋友說過，不論到哪都要帶一瓶桔醬，這跟跑到尼泊爾健行都要帶一瓶醬油的日本人是差不離的習氣重，我聽過最誇張的是不只是雞、豬肉盤要沾桔醬，連青菜都只吃汆燙後沾桔醬的愛好者，最極致的當然是白飯上淋一層好似澆頭，堪比豬油拌飯。

製作完成的桶柑餅看起來是引人遐思的蜜餞。

桶柑餅可以佐茶當零食，也可以拿來料理，像是炆爌肉放一顆進去。

桔醬作為在淺山丘陵定居兩百年族群的記憶裡重要的味覺，必然承載了地域的風土精神，順應歲時植栽之餘，想辦法將所有的作物都變為食材料理它。桔醬的食材酸橘（*sunki*，*Citrus sunki Hort. ex Tanaka*）是柑橘類育種砧木，除了取枝條嫁接，滿樹五十元硬幣大小的酸橘該如何處理，除了做果醬或果汁外，很難把一棵就能長出了數百顆的小酸橘消化掉。

桔醬有兩種，當作治咳飲品的加蜂蜜，做醬料使用的加鹽，做法都是洗淨去籽，皮肉分離，橘皮先蒸或煮去苦味，再一起打成泥加鹽巴和一點糖，再加水煮到濃稠狀，放涼裝瓶。現今的桔醬加辣椒熬煮成辣味，完全失去桔醬的純粹果香滋味，加辣椒的桔醬能刺激味蕾卻也麻痺神經，把橘皮中大量的精油成分檸檬烯涼酸酸的味道壓掉，實在可惜。

炆爌肉（紅燒肉）加一塊桔餅絕對勝過加糖的咪緒（味道），客家人用酸橘做金桔餅，雖然酸橘水分含量比金桔（*Citrus japonica*）高不容易熬乾，但酸度更勝一籌，做酸橘餅不用去籽，但一樣要先蒸煮去苦味，重點在於除了砂糖之外，加麥芽糖一起煮的桔餅風味濃稠，讓柑橘皮精油揮發的清爽壓掉油膩味。

我心目中的桔醬料理只有一道，桔醬粄條。客家粄條不外乎湯粄條飲湯頭，乾粄條吃爆熖配頭，但兩者都算是以客家配頭（炒料）的咪緒取勝，雖有食材搭配、手法高下區別，但技巧只有如何把各種食材和醬油完美的融合。而一但決定用桔醬而非醬油提味，就必須考慮加什麼配料最適合桔醬，答案再簡單不過，除了蔥蒜一點胡椒粉與很多的桔醬，不用搭配其他食材，就是一道好料理。

一道用醬、香料提升主食位置的客家炒粄條，我目前的心頭好是頭份怡明茶園的金桔粄條，當真是做茶人的手法，一杯好茶只需要好水和好茶葉，其餘的就是茶師功力，桔醬粄條只需要好桔醬和好粄條，好不好吃看廚師的工夫。若要類比，用煙花女義大利麵的精神來看，從樸素的料理中可以看出在地人如何運用地方風土食材展現傳統價值。

臺三線走到了中部水果產地的大本營臺中東勢開始種椪柑（*Citrus poonensis*），椪柑是最早跟著閩粵移民到臺灣的橘子，從清領時期的作品中可以窺看當時柑橘樣貌，詩人沈光文的〈番橘〉指的是只有彰化人才採得到的多汁解渴的橘子。黃清泰盛讚的〈詠西螺柑〉指的是佛手柑（*Citrus medica var. sarcodactylis*），堪比洞庭湖的砂糖橘（*Citrus reticulata Blanco cv. Shiyue Ju*）還高貴。范咸的〈九頭柑〉就是虎頭柑，真正是叫他第一名的橘子，柑橘隨著遷移族群的勤墾，各自展現於地方風土上。

柑橘是很容易有新品種出現的水果，除了優良的育種技術，最重要的是臺灣農人勇於冒險的精神，雖然嫁接後要三、四年才能等到果樹最佳的盛產期，但勇於汰換果樹的農人，從大宗的椪柑、桶柑，到現今最流行的帝王柑、砂糖橘、珍珠柑，再有橙類從柳丁、甜橙到臍橙（*Navel orange*，橙的學名是 *Citrus sinensis*），說起肚臍柑又是一個客家人翻山越嶺的故事。

砂糖橘

帝王柑

桶柑

臍橙，又稱肚臍柑

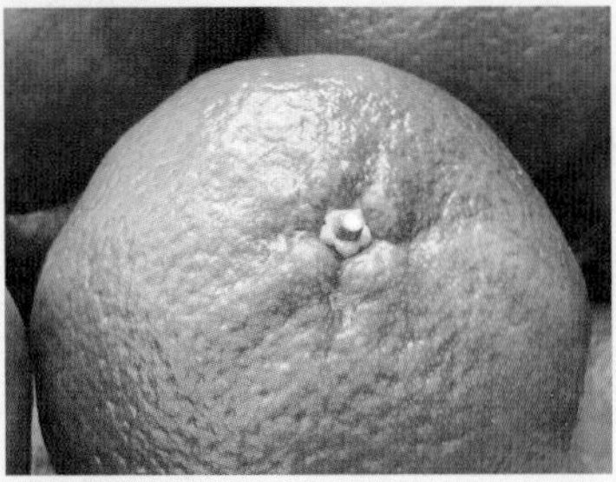
椪柑

南庄橙

宮崎三寶日向夏有日本柑橘之王的美名，為當地野生種可追溯兩百多年的歷史，以古名日向命名。一九二一年畫家鹽月桃甫從宮崎來到臺灣，這位催生臺展，推動書籍裝幀藝術，更是第一位有系統的以臺灣原住民作畫的畫家，回到故鄉之後畫了一幅〈日向夏〉，於二〇一八年由其孫送來臺灣展覽並贈與李梅樹紀念館。

客家人遷移的故事，除了閩粵跨海遷移還有島內移居。一九二〇年代日本治下發動三次建造臺灣東岸的移民村，第三次有大量的新竹州地區客家人遷往東部，現今臺鐵花東幹線的幾個大站都是以客家人為主的聚落，比較例外的是有一部分人遷居臺東成功、三仙臺一帶的太平洋海岸。

曾擔任客臺臺長的製作人徐青雲長期深入客家聚落，她有一個觀察，如果沒有客家人可能就沒有臺灣的柑橘產業，客家聚落幾乎都有柑橘園，最美故事或許是這一個；來自臺東成功的臍橙。

原生於喜馬拉雅山麓的芸香科柑橘屬果樹，大致是以柚（*Citrus maxima*）、橘（*Citrus reticulata*，又稱寬皮柑）和枸櫞（*Citrus medica*）雜交育種或變異種而得，在中國東南方繁殖得最茂盛，兩百多年前隨著閩粵移民而來，發現島嶼氣候可以種出好果子，讓海洋時代的探險家帶回葡萄牙，一八二〇年代葡萄牙修道院的柳橙發生了突變，這棵突變種在五十年後，隨著移民渡過大西洋到達巴西，受到巴西日本移民村的日本人喜愛，跟著日本人的遷移路徑，往北到佛羅里達，再從東岸橫過美洲大陸到太平洋岸的加利福尼亞。日本人從太平洋東回到大洋西岸各個島嶼，往北帶回日本本島往南帶到臺灣，北方天寒不好種植，在南方島嶼的太平洋海岸港口新港植栽成功，新港就是後來的成功。臍橙流轉在各處的地中海型氣候區，最遙遠的地方在臺灣海岸山脈的山腳下。

島嶼東海岸成功三仙臺迎著太平洋的海風，有一處「柑仔山」，住著一群移民到後山的的客家人，先是協助日人經營「杉原株式會社」的栽植，研究柑橘等各類農作物，二戰後改為私人經營的富榮農場，便是一般人習慣稱呼的「柑仔山」。

柑仔山能夠上新聞往往在每年十月左右採到一顆一斤重的肚臍柑，俗稱的名字來自於臍橙有兩個腹果，一個可以發育成長一個藏在裡面，有時會爆裂於果實尾端，看起來像人類的肚臍。自花授粉的肚臍柑開白色小花看不見花粉，因此不會有種籽，肚臍裡面沒有籽，除非果園內種了其他種類的柑橘樹，又正好開花時節相近，才會發現一兩顆籽在果實裡。沒有種子的柑橘是最受歡迎的水果，就像無子桶柑受歡迎的程度。

柑仔山耆老宋信元，十多歲時島嶼仍在日本時代，與哥哥受僱於杉原株式會社，就是現在豐田汽車的母公司，哥哥當會計，他是柑橘樹的技術人員，主要的工作就是雕塑柑橘樹，讓樹型漂亮結出美麗的橘子。當時會社向政府租了一千一百甲地，實際上只用了九十甲，有二十九甲用來種柑橘樹，自此小山坡上一到季節，就是澄黃一片迎風招展。

肚臍柑旅行到臺灣海岸山脈的過程原本該是最短的距離卻成了繞行地球一圈的最長旅程，在這個陽光比加利福尼亞燦爛的海岸山脈山腳下，土地富含鉀、磷、鈣，以及最具栽種植物優勢的鎂，迎著太平洋海風的柑仔山上，果農種的是華盛頓種的肚臍柑。

賽夏族工藝家潘三妹以藤編橙花歡迎南庄橙的回歸，花朵用紅白黑菱形紋布條綁縛，族語紅色是對待他人要熱情、白色心要純潔，和做人不可壞心的黑色，以代表祖靈之眼的菱形來護佑這片山林。

潘三妹的作品南庄橙編花

南庄橙適合做橘皮果醬，檸檬烯含量豐富氣味十足，以製作果醬知名的柯亞用南庄橙參加日本舉行的《世界柑橘類果醬日本大賽 》，一出手就備受讚譽得到好成績。

回到雪山山脈加里山腳下中港溪的源頭，賽夏族人開始復育臺灣原生種南庄橙（*C. taiwanica Tanaka & Shimada*），這顆以族語嘎達佑（Ga Da Yo）為名的橘子，意思是「媽媽準備的食物」，嘎是媽媽，也是所來之處小霸尖山，達是發現果實的勇士，住在卡達部落的巴達，佑是真是酸啊。

相較於此，這顆有點酸、有點苦、皮很厚，是四種野生橘子中果實最大顆，生長適應力最強，白色的花很香，葉片很大，樹形迷人但多刺的南庄橙，反而被國際自然保育聯盟（IUCN）列入 IUCN 紅色名錄的極度瀕危（CR）等級物種，消失的原因或許是比一般柑橘多刺的枝幹不討喜，容易被砍伐。以鮮食鮮果來看，太酸的口感不討喜。另外，南庄橙作為酸橘，是早期柑橘嫁接重要的砧木，純木相形少。

植物分類學家以地名來為這顆水果命名，無形中強調了地方特質，如同賽夏族的拼音 SaySiyat 的意思，Say 是賽夏語中的「從哪裡來」（where）是前綴詞首（Prefix），又像是現今的族群有南北之分，位於鵝公髻山麓一帶的大隘群稱北群自稱 Say-Kirapa，位於向天湖山麓附近的東河群為南群則自稱 Say-Lamsong 或 Say-Waro，都是帶有濃厚的地域性色彩的稱呼。賽夏族人把山林視為自我的一部分，和自然為伴唯有合一才是完整，因此把失去的的找回來格具意義，存在著就是一種價值。

現代人追溯過往從飲食文化入手，氣味是記憶，味蕾是感知，祖居地在大滿部落（蓬萊村）的長老根誌優，幼時感冒祖父就會拿一顆橘子給他，嘎達佑是緩解症狀的藥，他說族人採回來後整顆烘乾，入林狩獵採集隨身攜帶，而父系社會的賽夏族，留在家庭中的婦女從編織、種植到炊煮全能，也造就了族群具高度的工藝技能與審美標準，在飲食上自成一格，發酵醃漬即是傳統飲食，燻魚與醃肉飯糰用口水混拌發酵再加橙汁醃漬，當然現今有鹽取代古老的發酵媒介唾液。

南庄橙復育是臺灣人搶救瀕危物種的里程碑，集合了行政體系林務局林管處，學界和在地共同推動的成果，新竹林管處著墨尤深，我曾經參與審查如何提高這顆橘子的實用性與能見度，協助地方從復育中找到自我價值，研究者大都以萃取精油、製成飲料或研發菜餚著手，研發的產品與食物確實讓人著迷。

第一次拿到三顆橘子時，請善廚藝，在朋友生日時必做蛋糕的老友秀凌熬橙皮果醬，那是我最喜歡的果醬種類。南庄橙皮厚且有韌度，唯果囊苦澀不似日向夏以果囊甜美為特點，秀凌把果囊清乾淨剩下薄薄的皮切絲熬煮，這是我吃過不會因為皮太薄而失去口感的橘皮醬，水晶凍般的果膠在口腔中的迸裂感讓人意猶未盡，遂把這顆橘子介紹給果醬女王柯亞，一位致力於研發臺灣水果做醬，尤其是柑橘醬的廚藝師，果然不負所託，在二〇二二年，已過了產期才拿到冰藏三十多天的南庄橙，以南庄橙、威士忌和無花果製成果醬，得到《世界柑橘類果醬日本大賽》（The Dalemain World Marmalade Awards in Japan）的銅獎，爾後她將以南庄橙作為重點的研發水果，致力用這顆有故事的橘子讓世界知道。

原生的是南庄橙，飄洋過海的是臍橙，桶柑落地生根，幾代人深耕成了神桌上重要的貢品也成了特有種，物種在何處生長就會有環境條件造就的痕跡，人在哪裡生活就會有當地人的樣子，終究都是風土條件的產物。

桂竹筍

如何界定邊界

如果說箭竹筍是陽明山的，桂竹筍就是南庄的，無論如何，兩者都有各自的擁護者。

有多少人就有多少真相，但事實只有一個是法曹的準則；飲食也有一條真理，好吃就是美食的王道。有不好吃的竹筍嗎？對隨時都能吃到筍料理的臺灣人來說，無處不在的滷筍乾是沒有季節性的食物，小吃店裡，滷肉飯配滷筍乾，陽春麵配油悶筍絲，一季生產儲備一年的食份，這個島嶼到底有多少竹林？

「既至南崁，入深箐中，披荊度莽，冠屨俱敗」《裨海紀遊》。

從一六九七年要去臺北採硫磺的清朝人郁永河開始，密林就是藏身之所；博物學家鹿野忠雄在玉山箭竹林中躲避風雨和野獸，原住民詩人瓦歷斯．諾幹在雪山腳下的竹林中詠嘆《迷霧之旅》，另一位集聲樂家、作家和劇作家於一身的客家文人呂赫若，讓三兄弟躲在竹林裡的小屋中想著如何回家（小說〈清秋〉的情節），而他自己據說是在石碇山坡上的竹林裡被毒蛇咬死。

竹子是世界上生長最快速的植物之一，人類全面性的依賴其生活，除了隱匿更適合做分隔的邊界，雖然客家諺語「圍牆背生竹筍」說的是外甥，宗族分內外是界線也是倫理。在飲食文化上最容易辨認的是手法，以竹的使用方式和筍的料理手路能夠看出族群的本來面貌。

像是竹筒飯是原住民的，竹葉粽是漢人的，日本人愛涼筍是旬味，而誰不愛旬味呢？某種程度上吃筍終究還是有季節性的意涵，旬味指的是鮮食，在臺灣要特意去吃的新筍大約只有三種，箭竹筍（*Pseudosasa usawae*）、桂竹筍（*Phyllostachys reticulata*）和孟宗竹冬筍（*Phyllostachys edulis*），都有珍味的意思在其中。

箭竹極少卻極知名，桂竹極廣卻少有人知曉，更別說拿來食用的幼筍，只有北臺三線上的客家人，就是蔡英文總統說的浪漫臺三線，季節一到就望著春雨來，見雨就心中暗喜，想到在熬得白白的大骨湯中沸騰的新筍氣味直衝，就會感到希望無窮。

有不好吃的竹筍嗎？客家鄉親會直接用兩個否定句來肯定的回答：沒有不好吃的竹筍，除非你連殼都吃了去。這話的明確指涉我倒是可以很肯定的說出是炒桂竹筍，而且只能是清明過後端午之前，剛挖出來的新筍，有卜菜豬肉炒筍絲，有加大量的油炒到成為客家油悶筍絲，素菜加木耳，葷菜加肉絲，放幾天當冷菜更好吃，卜菜就是一般人常說的客家福菜或覆菜。

這道菜是竹筍和卜菜借味的美妙組合，有些食材的特質很幽微，需要借味，也就是借用其他食材的味道互相撞擊，才能逼出珍貴的咪緒。高級食材魚翅海參是代表，普通食材要能做出精緻料理，除了延續傳統精益求精，更多的是對美味元素年復一年的運用，直至深入肌理骨髓而能隨手端出一盤菜，經典臺灣料理的湯頭裡要加筍片是其一，從味重的八寶鴨到清湯中的清湯魚翅、清湯鮑魚莫不如此。

地方菜能夠傳承延續的原因之一，是當地人能夠挖掘出食材的精華變出習以為常的雋永口味，食用桂竹筍能成為北臺三線客家人的傳統口味，是因為在這條邊界線上，桂竹林在此是邊界的界線。

山坡上的桂竹林是你家跟我家的山頭分隔線，我們向陽的時間不同，你種水果我任林木茂盛。

桂竹是臺灣原生種筀竹，也稱臺灣桂竹，客家人說桂竹仔。既是原生種，就有自己的在地說法，泰雅族稱阿力(ali)，賽夏族人的筍子一律是阿嗨(anhi)，這兩個用桂竹最多的原住民，一如把山胡椒搶做自家寶物的方式各自命名，泰雅語叫馬告（Makauy），賽夏人要馬奧（「ma'ao」），就擁有了各自的精神。

中港溪流域的桂竹林，從平地到一千五百公尺的山上都能見到，山上的住民擁有壯闊山頭，一入山就是走不出去的桂竹林。而從竹南後龍海邊上岸的閩粵移民，靠著一分地兩分地拓殖往東推進，一排竹

筍尖滾大骨是客家人季節旬味的方式。

筍季一到，傳統菜市場可見擺攤的筍農隨人喜好幫忙處理食材。

鮮筍最好能立刻處理，以免老化。

子一道圍籬，防風防水兼防盜匪為禍，以此佔地維生。老家在南富小村名大南埔，主街之外的家屋，一排刺竹分隔出你的家我的田，一排竹林間隔各自的產業。山上原住民以桂竹林為界，山下客家人則用莿竹劃地。

約一八一八年前後，客家人沿中港溪而上開墾，以廣東梅縣人黃祈英、張大滿、蔡細滿等人為主，我的小學同學中超過三分之二不是姓黃就是姓張，我阿婆就是黃姓人家的女兒。黃祈英和賽夏族通婚，拓殖進入中港溪的源頭加里山腳下，發現連綿八個山頭，有樟樹很多的地方叫「拉嘎散」就是八卦力，而山頭之間的山坡上都是桂竹林，因此在山的另一頭有條桂竹林溪是後龍溪的上游，這些山頭在挖礦富起來之前就有了開採山林的富豪。

族群融合也是借味成功，賽夏族人多能說客語，不論是馬告還是馬奧都能說成山胡椒讓大家知道成了臺灣最珍貴的香料。有一道花椒悶筍是人間一絕，若改成樟科屬的馬告辛激，能夠變化出什麼呢？在此之前，泰雅族人的桂竹筍是以刺蔥來調味，成為傳統食物。而以花椒來提味是出家人的用法，素食無法以肉借味，尼姑偶爾想到人間滋味卻不想辣椒太刺激，用花椒的麻感一試驚艷絕倫。

筍和辣最精彩的莫過於水餃的最佳搭配酸辣湯，酸辣湯是用酸筍和胡椒粉撞擊出來的味道，其中豆腐、木耳和胡蘿蔔都借這兩味融合出口感，醃漬筍的乳酸菌最能表現發酵的時間厚度與胡椒釋出的辣椒素所散發的明亮香味，酸香互相提升口韻，擅長煮酸辣湯的二姑說，絕不能以辣椒來替代，現今的小吃店用辣椒來取代胡椒粉，辣椒的尖銳刺激讓這碗湯失去了深度。

高雄清香園的酸辣湯是我喝過最餘韻無窮的口味，創始者是我姑丈和二姑，姑丈是隨國民黨軍隊來臺的山東籍士兵，但早早離開軍隊在島嶼自求生路，二姑是客家人嫁給外省人，是芋仔番薯的母親，臺灣七〇年代之後的眾多退伍士兵家庭開的麵館莫不如此，帶著外省口味與客家人的手藝，造就了臺灣獨特的水餃麵店，以這種組合起家的知名餐館莫過於鼎泰豐，鼎泰豐的酸辣湯有著濃稠軟滑的口感，明顯的黑胡椒粉味壓過了酸味，卻是很符合大眾的口味。

酸辣湯的酸是筍、辣是胡椒，相互撞擊的美味。（攝影／游政育）

每一道經典菜都是當代的創新，正宗的界線到底在哪裡，而又是誰的正宗才是正宗。

在河川中游丘陵區生活的客家人，就地取材也把傳統生活習慣融入，包粽子用「筍籜」，就是筍殼或筍皮，桂竹的葉子雖然不如麻竹葉片大，但包客家粄粽正適合。

氣味是造就邊界的重要成因，得奧斯卡獎的韓影《寄生上流》用衣服上殘留不去的霉味指涉底層社會的氣味，不熟悉這種氣味的上流社會主人無法辨認只覺得難以忍受，這是社會階層的邊界。族群的邊界在於使用物的方式，原住民世居於此，竹筒小米飯的竹是料理工具，是日常飲食的味道。客家人要在特定年節才使用竹葉，竹葉或竹殼包粽子能不能表達出竹的清香，是辨識手藝高明與否的方法，粽子蒸得好不好在於會不會掌控火侯，能不能讓鍋裡的水蒸氣逼出香味。

常聽嗜筍者愛說清甜甘美，事實上大部分的人難得有此機遇，因為竹筍是一挖起來就會以分秒速度老化的食材，要能迅速的燒水煮熟才能保住鮮美，要古代文士才有這種條件，或者住在桃竹苗淺山丘陵區的人，家屋旁就有有竹叢，清晨即起挖筍，一早就吃竹筍稀飯或喝碗竹筍湯，至少把當天的筍先料裡了再做其他事。確實，竹香是透過水氣蒸沁入鼻息，沒有煮過不會知曉箇中奧妙。

「諸羅筍無佳者；必煮去苦汁，浸以清水，差可食。惟竹塹岸裡產筆竹筍極美，或曬為乾；不可多得。」《諸羅縣誌》，康熙五十六年（一七一七）周鍾瑄版。

臺灣食筍依其種類，麻竹筍（*Dendrocalamus latiflorus*）是加工的最大宗，綠竹筍（*Leleba oldhami*）鮮食為主，孟宗竹以冬筍難得而知名，箭竹筍強調地方性，只有桂竹筍是臺灣原生種，也是原生種中唯一味美者，就是《諸羅縣誌》裡記載的筆竹筍；其餘的食用筍都是跟隨閩粵漢人移入帶來種植的物產，客家人落地生根之後，發展出竹筍爌肉這道名菜。

宴客時的封腿就是蹄膀肉，一般時候用三層肉亦即腹脅肉，我們家的做法是分開煮再合盤，兩者都是費工處理的食材，封腿先炸再蒸滷，筍乾要泡水兩三天再用大骨湯熬，輕簡的做法是用煠肉的湯來煲，煠是以滾水煮不加任何調味料，也就是白切肉的煮法。我阿婆的說法是「用肥湯來煠」，盛盤時竹筍鋪底封肉和滷汁後放，而有人只吃筍不吃肉，因為筍浸飽了滷汁的精華，更是美味。

桂竹筍最大的經濟價值在於製作器物不在於食用，食用桂竹筍是伴隨季節生長而來的竹林疏伐副產品，數量少而難得因此多鮮食，但再少的量對於擅長囤積食物的客家人來說，還是有辦法儲備到幾個年冬的量，留成宴客的珍貴食材。

講究的人家只摘取桂竹筍中有筍衣的那一小節稱作幼筍，鮮食幼嫩味美，醃漬曬乾是極珍貴的山珍。桂竹筍季來臨，在傳統菜市場裡可以看到最神乎其技的一道風景是剝筍殼，手巧的筍農等著客人買多少剝多少，兩個手勢完成一條剝乾淨的桂竹筍，看起來動作優雅毫不費力。

雍正十一年（一七三三）在今新竹市「始准植竹為城」，竹塹城由此而來。

清領初期以種竹為城牆劃定邊界，種竹為界對臺灣人來說有超過三百年的歷史，竹林從平原、丘陵到山區，從成排一列、方塊隆起到一片密林，再熟悉不過的地景構築起生活的面貌，並凝結到恆常久遠的飲食文化裡。

根據現在的竹林種植面積統計，麻竹林最廣有百分之五十二，再來就是桂竹林百分之二十五。臺灣有紀錄的竹類約八十九種，可供食用的幼筍約三十種，刻意種植的經濟作物才八到十種。

桂竹林雖廣，是臺灣用途最廣泛、經濟價值最高的竹種，竹材總產量九成以上都是桂竹，從建築、裝潢到農用工具與竹編工藝等都以它為最好的竹製材質，產地八九成在桃竹苗地區，曾經因竹材性質優異，是國有造林及獎勵造林的指定竹類，也是外銷主力的竹材，然竹材在工業設計中已被其他材質取代下，桂竹林呈放任生長狀況，反而只剩幼筍的食用價值。

現今只知桂竹筍的美味而不知斗笠為何物，但竹林並沒有從經濟產業轉成農業領域，因此，在遇到激烈的氣候變遷，自然環境崩潰影響桂竹筍收成，經濟部的林業預算無法補助農委會的農產品損失時，才讓人正視桂竹筍已是食材而非原料。

桂竹筍至今仍然是採集食材而非農耕作物，有一次採訪高雄的科技農，聽他說起如何學習種綠竹筍但全部死光光的故事，那是第一次知道種竹筍需要學習，原本以為，竹筍是時間到了去竹林裡挖就可以得到的食物，夏日時節，早餐吃到的竹筍肉粥是早起人的犒賞，晚餐吃的大骨熬海鮮竹筍粥是一天的慰勞，筍是竹林餽贈，雖然是邊界但自然採集無界線。

當然，我說的是在你家的土地上或是他家的傳統領域裡，桂竹筍隨便你挖的地方。

東方美人茶

如何以你之名

這是一個傳承四代人，奮鬥了一百五十年，才得到的名字。

「你大舅很奸詐，天氣剛轉熱不久，就說要來玩比賽的遊戲，看誰採得比較多……」我媽很會說故事，尤其擅長描述細節，想要知道臺灣早期的社會，人們怎麼過日子就問她，像是「為什麼喝茶叫做吃茶米茶」。

依山傍水得以為家是茶鄉

「茶米茶」，這又是一個客家人教小孩要記住客家話的老故事；在臺灣，住了三代以上的臺灣人，大概出生就在喝茶，我的家族就有個跟喝茶有關的客語笑話。

坐月子的阿嫂不能亂跑亂吃，趁家裡沒大人叫小孩端一杯「茶米茶」來喝，得到的是一杯放了半杯米的白開水。客家人把乾燥的茶葉叫「茶米」，喝水的客語稱作「吃茶」，所以想泡杯茶來喝叫「吃茶米茶」。這位阿嫂，我猜她是想喝一早就煮了一大壺放著的黃柑茶，可以用來晨起敬神拜祖先，給過路人一杯解渴。

臺三線上從大溪到三義的桃竹苗地區，最早種植的茶種以黃柑茶為主，清領時期約十九世紀開始，閩南漳、泉移民自武夷山區移植的小葉種茶樹在地馴化而來，黃柑茶早在清心大冇之前，廣植於隘勇線前的淺山區山坡地。

看到一則故事，中國福建安溪有個品種「黃旦茶」，是做知名安溪鐵觀音的茶種，安溪羅岩村有位叫王淡的女人，嫁到隔壁的西坪村，回門時要從娘家「帶青」回來，就帶了兩顆小茶苗，夫妻倆開始種植分株成一片茶園，並製出了無與倫比的茶，廣為流傳之後的名字被改成黃旦茶，想來是閩南父權社會的大男人不願意讓綁小腳的女人揚名於世。

黃柑種跟黃旦茶是否有關我沒有線索，農試所的紀錄是生長於關西到苗栗一帶的地方茶，然而臺三線上的茶亭或家門口奉茶的「茶米茶」，早期大都是黃柑茶，至今種茶的茶人、客家人的鄉村記憶，對此印象猶存。

我外公家種的是我媽說「青心冇」的青心大冇（音同某，客語 pangˇ），臺三線上從大溪到銅鑼，桃竹苗栽種最廣的茶種，也是做東方美人（膨／椪風茶）最適宜的品種。**註1**

東方美人主要的品種是青心大冇種。

泡開來得見一心二葉。

熟巧的採茶人都能採到漂亮的一心二葉。

離開家鄉帶伴手禮，最珍貴的當是心愛之物，然而經商營生則講究天時地利人和，臺灣茶葉史的第一個轉折點，從移民謀生到成為嗅覺靈敏商人的標的，當是一八六六年，臺灣烏龍茶之父陶德和臺灣茶之父李春生移植安溪茶樹到海山堡契作，海山堡範圍南界至三峽、大溪隘勇線上，也是開築臺三線的依據。

陶德與李春生在北臺灣植栽成功，開啟了「福爾摩沙茶」（Formosa Tea）的時代。一八六九年陶德寶順洋行（Dodd & Co.）的兩艘帆船從淡水港出發，根據當年淡水港的《海關報告》紀錄是二十八萬四千一百三十三磅精製茶，不經過廈門直接航向經過剛開通的蘇伊士運河，以「福爾摩沙烏龍茶」（Formosa Oolong Tea）之名前往紐約，大受歡迎銷售一空，自此奠定福爾摩沙茶是高級精品茶的美名。

這個壯舉在當年美國駐臺記者，後來擔任外交官的戴維森（*James W. Davidson*1872-1933）所著的《美麗之島的過去與現在》（*The Island of Formosa, Past and Present*）寫道，「一八六九年，有兩艘船隻載運二千一百三十一擔的 茶葉，進行一次直銷紐約的嘗試，這是引人注目的第一次直銷，也是至今為止最後一次由福爾摩沙到美國的船運直銷。」

茶葉跳脫了日常與品茗，成為世界貿易重要的物資，就不再是單純的地方性飲品如此簡單，擴大進行蒐購茶葉，種茶的範圍向南延伸，從大漢溪流域拓展到中港溪流域，客家人跟上了種茶維生的腳步，內化為飲食習慣。

以東方美人之名

福爾摩沙茶自清領末期起，茶、糖和樟腦成為臺灣外銷最大宗的產品，自此臺灣出口從原料晉升到食品（食材），臺灣人的手藝與技術躍上世界舞臺。

從飲食文化看來，臺灣茶比臺灣酒在飲食上扮演更重要的角色，不只是在經濟上支援，在社會層面「請喝茶」比「請喝酒」有更深的意涵，臺灣人最能心領神會的就是「來吃茶」的意義不只是解渴而已，還有更多的人情義理待商量。

臺灣最知名的茶是半發酵的烏龍茶，以發酵程度看，輕發酵的是「文山包種茶」、中度的「凍頂烏龍茶」，以及發酵程度百分之七十上下的「膨風茶」，也就是「東方美人茶」，以臺灣獨有的製作技術為人稱道，是除了原生種「臺灣野生茶」之外，唯一因為獨特的風土條件而成就的飲食文化。

萎凋時可以看到被小綠葉蟬叮咬的痕跡，以及葉片上的白毫。

挑過的精製茶，精緻高貴。

尚未挑過的茶也可稱作五色茶，色彩繽紛異常美麗。

「東方美人茶」首次被當作標題，是一九八四年「第一屆東方美人茶比賽」，如此命名，跟原來「膨風茶」的稱呼真是毫無連結，根據峨眉首席茶人徐耀良的說法是，當時新竹縣長陳進興的秘書峨眉人黃洸洲，在日本時代的文獻上看到有臺灣茶進獻天皇和英國女皇也喝過膨風茶並給予極高評價的資料，判斷膨風茶在世界的地位甚高，應該有更好的命名。

因此，一九八三年峨眉鄉長黃子能辦「峨眉茗茶」比賽，茶改場首任場長吳振鐸到場並建議改名，以「東方美人茶」建立品牌形象。想要將這個客家話戲謔語「膨風」改名的人不止一位，前副總統謝東閔想改成「福壽茶」，苗栗縣人乾脆用諧音「椪風茶」，但並不是大家都愛以「東方美人」為名，至今仍有商家二名並存。

要理解東方美人應該先了解英文 *Oriental Beauty Tea*，從英文翻譯回中文或許比較容易理解。英國維多利亞女皇（Queen Victoria，1819-1901）在位六十三年，英國國勢最盛之際殖民地涵蓋全球，世界上的稀罕物總是有人會送到她眼前，喝過福爾摩沙茶不算什麼稀奇的事而且很合理。這幾年屢在英國拿到風味飲食大獎的茶人張家齊提到自己的環球考察心得，「去英國參加比賽時，除了在展場上與人交換心得，所有人都知道臺灣茶，並且認為是很精緻、很貴的茶，另外就是到大學裡問有研究茶飲的教授，有一位跟我說，他看資料得到英國女王有喝過福爾摩沙茶，也覺得這種來自東方的茶很獨特不凡。」

膨風茶就是北埔人的精神

回頭瞭解「膨風茶」的由來，或許比較能說清楚客家家人對這茶的執迷。想像一八七〇年代，清領末期北臺灣因貿易興起的工商之城大稻埕，在淡水河中游的碼頭邊，洋行（番庄）、媽振館（merchant）林立繁盛的景況，其中製茶、買賣茶葉的茶行熙攘活絡，經過洋行精製出口的番庄茶疊疊，熱銷的烏龍茶稱作「番庄烏龍」。

茶的原料從何而來？北臺灣茶園面積從最早開發的石碇、深坑已達飽和，往南沿著大嵙崁溪（今大漢溪）種植，再來繼續向南到中港溪及其支流北埔、峨眉、三灣、頭份；也是現今桃竹苗的臺三線兩側，清領時期的隘勇線，不但是柑橘之鄉，也是一條茶葉大道，客籍作家鍾肇政小說《魯冰花》就是典型的茶鄉敘事，種在茶園裡當肥料的魯冰花，是鄉愁與艱困環境的象徵。

如果說東方美人是峨眉人的，膨風茶就是北埔人的，至今北埔人仍然不太願意把學術用語「白毫烏龍」的茶稱作東方美人茶，甚至有人堅持使用「膨風茶」，在今政府部門舉辦的東方美人茶比賽中，茶罐上要特別標註「膨風茶」的名字，何以致之？

臺灣茶自日治起，在政策的主導下成為以製作紅茶為主銷往日本（當時的內地），有別於清領時期，由洋行主導銷往最大的市場美國與歐洲，而一九三〇年代由北埔姜阿新與三井農林會社合作帶動的以現代化機器製茶，北埔茶葉盛世以此展開。

北埔茶葉掌握在金廣福姜秀鑾後代手上，最知名的首推姜阿新與姜瑞昌。一九四一年竹東郡的茶莊全部整合成「竹東茶業株式會社」之時，由姜阿新擔任社長，不但確立北埔茶業的核心地位，也讓姜阿新成為茶虎，他就是二〇二一年底公視播出並造成轟動的電視劇《茶金》的原型人物，因為姜阿新在戰後成立永光公司獨霸臺灣茶外銷市場，名望盛極一時，從他的事業得以了解臺灣茶直到一九六〇年代仍然是世界貿易的強勢商品。

更早之前，北埔姜家另一位擔任北埔庄長十二年（一九二〇至一九三二）、新竹州協議會員，創立

「北埔瑞昌茶葉組合」的仕紳姜瑞昌註2，致力於擴張北埔的茶葉種植和提升製茶技術，因此「膨風茶」是在他的推動下製成的說法不脛而走，在出版也是北埔出身的臺灣攝影啟蒙大師鄧南光的作品《鄧南光的影像故事》中有這樣一段紀錄：「姜瑞昌之子姜蔚承指出，昭和七（一九三二）一直不斷嘗試發展高級烏龍茶的姜瑞昌，有一次把受過小綠葉蟬危害的茶葉撿來做茶，豈料卻產生特殊蜂蜜味與果香味，於是精選兩斤茶送到臺北茶葉博覽會參展，沒想到被總督府以二百圓高價全數收購，消息初傳回北埔，當地人不信並譏笑說真是膨風，沒想到事後證實真有其事，爾後姜瑞昌因此被傳做膨風茶之父。」（古秀如編撰，春水文化工作室，二〇〇〇年）

這是文史工作者從史料的蛛絲馬跡中留下的紀錄，但我們確實從這裡得知北埔茶的輝煌年代，臺灣人在島嶼墾殖的成果，更重要的是在獨特的風土條件下製作出非凡的工藝得到認同。

峨眉比鄰北埔卻晚開發，在臺灣茶外銷極盛時期，大部分茶園的茶青被大茶廠收購，本地人只專心種茶，做茶也只做地方性的販售，這卻成了一九八〇年代，臺灣茶轉為內銷之後的優勢，我家日常喝的東方美人茶就是峨眉人每日到頭份市場擺攤賣的茶，徐維伸說，他有時做茶至清晨，走到屋外就看見一位阿伯背著農作要走到珊珠湖搭車去頭份，這段環山公路不但是知名的自行車越野賽道，至今仍然是一條農路。

更在地化就越能國際化，更精進的手藝就更能長久經營，並得到建立口碑與品牌的時間。而新竹縣舉辦的東方美人茶評鑑賽，準確了體現這個精神。峨眉徐耀良茶莊第四代徐維伸就能豪氣的說，「我們家只參加新竹縣的比賽。」桃竹苗三縣的東方美人茶比賽，是業界最難挑戰的賽事，名家輩出，讓東方美人揚名於世。

我堅持所以我存在

從生態的角度看，在淺山丘陵區種植清心大冇製作的東方人茶，確實比較符合永續有機茶園的經營理念。臺灣最知名的茶是以青心烏龍製作的烏龍茶為主，高度從七百多公尺的山區不斷向上推，現今已到強調來自兩千多公尺山上的高山茶，島嶼破碎的高山地形可堪負荷讓人心驚。

當代年輕職人承襲傳統，得獎常勝軍徐耀良的兒子徐維伸做黃柑茶保存風味記憶。

漫天蟲蹞聽起來讓人起雞皮疙瘩，但透過鏡頭就會有一種夢境般的美感，戲劇《茶金》的最後一個茶園場景是在火紅的霞光照射下，茶園好似燃燒了起來，迷離繽紛的光線裡小蟲飛舞，那是描述客家人說的著蝝／蜓，浮塵仔學名小綠葉蟬幾近透明的蟬翼，透過光線成了繽紛飛絮，漫天飛舞。

因為無人耕耘，失去勤勞農耕，沒有農藥，沒有施肥，任之生長，昆蟲得以在此寄居存活，你的荒蕪是它安居的家園，如今這種條件的茶園卻必需刻意維持才能存在，你不灑農藥卻不能禁止別人勤奮施作，農人勤奮是天職，但作用力要施對點，只有在此生活了兩百多年的客家人，摸索出了這裡的茶園該如何施作。

去看還能找到小綠葉蟬的茶園，在中港溪中游的三灣山塘背山脊上，兩處都是得獎常勝軍徐耀良茶園和福爾摩茶 *Formo Cha* 契作的茶園，茶園在山丘稜線上正對著遠方的聖稜線，加里山俯瞰，中港溪在腳下蜿蜒，雙手拂過茶葉，蟬仔拍翅揚起。

東方美人的條件

受過傷才會成熟，小綠葉蟬的意外驚奇。

「蜒仔茶」的「涎仔氣」也是「餤仔氣」，蟲傷的茶葉除了沾染分泌物、擾動茶葉質變，葉片上呈現紅褐色斑斑點點，看起來像火焰、聞起來有煙氣，喝起來有蜜氣，這種咪緒飲茶人以蜜香（muscat flavor）稱呼，蜜香是一種感覺也是一種化學。

日本學者小林彰夫在一九九〇年以蜒過的東方美人茶和未被蟲叮咬的烏龍茶、紅茶做比較，得出著涎茶的芳樟醇與芳樟醇衍生物多過未著涎的茶葉幾近十倍，以及東方美人茶含有豐富二甲基和辛三烯醇（*3,7-dimethy-1,5,7-octatrien-3-ol*）比烏龍茶及紅茶高比烏龍茶及紅茶高出二十倍以上，小林彰夫當時推測這可能就是東方美人茶的特徵。

小林彰夫在一九九六年再一次以都有受過小綠葉蟬叮咬的東方美人茶和大吉嶺紅茶做比較，這兩款在全球飲茶人口中有最佳蜜香茶的美譽，在二〇一二年英國風味大賽獎（Great Taste Awards）中三支得到三星獎的單一莊園茶類中，兩支是張家齊的東方美人，另一支就是大吉嶺紅茶。

研究報告分析，兩者的蜜香成分特徵都非常高註3，這些成分是經小綠葉蟬吸食後，茶葉因異常代謝而生成，有「3,7-二甲基」和「1,5,7-辛三烯-3-醇」。除此，因為製作脫水（dehydration）而生成的化學物「2,6-二甲基-3,7」和「辛二烯-2,6-二醇」，東方美人茶高出大吉嶺紅茶，這以張家齊的說法就是，東方美人果香的秘密——炒後悶。

一心二葉，只有茶山的阿婆能做到。

以為自己也能去採茶，但代誌不是憨人想得這麼簡單。二〇二〇年至今的武漢肺炎（Covid-19）大流行對臺灣人來說既切身又有點距離，時時感到焦慮卻能暫時安穩喘息，我亦如是；直到二〇二一年五月頭份一群採茶阿婆與阿公群聚感染，讓人真正感到心痛並且無措。

初夏時節，是桃竹苗丘陵區茶園風景最美的時節，採夏茶的茶工一車一車被載到茶園，這個茶園採完換下一個，頭份團跑到龍潭茶區，一人中獎全團感染，確診的茶工平均年齡七十幾歲，年紀最大的有八十歲。一個群聚感染反應產業的高齡化特質。徐維伸就笑說，有茶業行銷用語，由八十歲阿婆採的茶，實在太平常不過了，他的採茶班裡有超過十位八十幾歲的阿婆，並由這些阿婆教後輩採茶，茶園裡七十幾歲是年輕人，八十幾歲採茶速度仍然不輸年輕人。

採茶人要能辨識茶葉有沒有被小綠葉蟬叮過，並趁時採到剛好的成熟度，太老成了纖維，太嫩的沒味，還要懂得使用刀片，迅速的把葉子切下又不會傷到手，一片好茶園可以來回採三四次，一天的工錢一千五到一千八百元，實實在在的辛苦錢。

陽光下，唯有熟巧的職人才能熟悉這些工序，採到一心二葉甚至一心一葉。

炒後悶，只有身體知道時間對了。

萎凋、靜置、浪菁、發酵、炒菁、揉捻、乾燥完成，是製作烏龍茶的工序，但是東方美人茶在其中多了一道工序，依照徐耀良的說明是，「包裹布巾、靜置回潤」。張家齊則簡明扼要說，「炒後悶」手藝好不好，有沒有做出果香味，就看這一道工序。

看《茶金》在茶工廠製茶的戲，動作最美的就是用布包茶菁揉茶，很少看到布包靜置的場面，畢竟這道工序安靜無聲，唯有時間醞釀才得已完成，戲劇哪能承載這麼多。

有了這道工序就有了果香，徐耀良茶莊的六星茶標榜龍眼蜜香，張家齊的東方美人女王紀念茶是柑橘的熟果香，也能說成是浪漫臺三線橙色大道的橘香，柑橘味正是地方風味。

東方美人茶是島嶼製茶師的工藝展現，問每一位製作東方美人的茶師都自有一套內在價值，在這種傳統的環境裡，種茶的茶農就是製茶的師父，從食材到料理已內化成一套生活哲學，喝東方美人茶不只是喝風土條件，喝到的是工藝精神。

張家齊為了追求東方美人極致的蜜香，連續幾年在英國的「Great Test Awards」拿到單一莊園三星獎，二〇二二年拿到的三星獎作品，以女王茶之名，向剛過世的伊麗莎白二世女王致敬。

FOP難得老手路更難

跟著姜阿新經營永光茶葉的女婿廖運潘寫下九大卷一百多萬字的回憶錄，編輯出版《茶金歲月》一書，其中有一節描述〈永光的難題〉，事實上也是臺灣茶在世界舞臺退隱的窘境實況。

一九五九年夏末，廖運潘讓永光公司的夏茶製作了一千磅FOP（Flowery Orange Pekoe，一心二葉頂級白毫之意），以一磅十二美元在拍賣市場上成交，另做二千五百磅FBOP（Flowery Broken Orange Pekoe，含有碎葉的一心二葉白毫）每磅十美元成交，這個成功的買賣卻反應出臺灣茶的窘境，因為當年的臺灣紅茶出口價格每磅才〇．二五美元上下，因此這一批總計約三千五百磅的膨風茶，等於是賣到一般紅茶要出十二萬磅的量才有的價格。

以前，臺灣茶難有高價的時候，膨風茶屢屢因為價高而聞名，直到以東方美人茶之名行銷於世，仍然是量少價高追逐者眾，如何買到真正的東方美人一直是愛飲者的難題。

東方美人茶常勝軍徐耀良的家傳口訣是「頭水、二香、三外觀」，意思是喝到的茶湯、聞起來的茶香，以及有沒有看到一心二葉，白毫美不美。這款自來以精緻茶出名，又因為評鑑茶再創高峰的半發酵烏龍茶，怎麼說才是好喝？

有評鑑就有標準，而買賣則依靠商人跟消費者的嗅覺，臺灣人喝烏龍茶習慣要看到完整的葉形，且以散裝為多，東方美人茶一般柔成長條形，開罐就能看見茶葉的色澤與形狀。

膨風茶在所有茶款中，除了臺灣山茶之外，幾乎是量最少的小眾茶，在桃竹苗三縣開始舉辦東方美人茶評鑑之後，才逐漸打開知名度，因此，這款茶在此地的茶行或店家，大部分都能買到基本的入門款，喝茶從普通的價格開始喝準沒錯，因為喝過好茶就回不去了。

但膨風茶對外國人來說是臺灣代表性的高價茶，在貿易市場上多半也會標上紅茶分級制的字樣，像是 OP、FOP、BOP 等，這些字母的縮寫分別是：

P：Pekoe，白毫，以臺語發音的拼字，在膨風茶是指茶葉上的銀白色絨毛，在其他紅茶的葉片，是指看起來有細毛的葉片。

O：*Orange* 高級的，這是十七世紀商人以荷蘭皇室奧蘭治・拿騷王朝（Huis Oranje-Nassau）的代表顏色橘色來表示高級茶的意思。

B：*Broken*，碎葉、壓剪成碎片的茶葉。臺灣大部分普通的膨風茶都會做成合茶或拼裝一些碎片，畢竟一心二葉或一心一葉的數量有限，除非高價茶或比賽茶，整罐都是一心二葉並不容易。

F：*Flowery*，像花一樣的茶，在膨風茶來說就是一心二葉或一心一葉。

直接到茶行買茶可以直接試茶當然好，否則以國外紅茶的標識來認識茶，也是一個開始。

以你之名的遺產

東方美人茶以產區出發成了精品，而精緻飲食從來是以職人的自我要求與給出的價值來鑑別，以此看來，東方美人茶必須從茶師的未竟之路，來看這項產品能走多遠的路，終究還是得看茶區、茶人如何經營。

二〇二二年冬天，再過半個多月就要春節，疫情又起態勢愈嚴峻，東北季風南下的一天，朋友趁著遊客不多的時節約峨眉喝茶買茶，喝完徐耀良茶莊回程轉進珊珠湖怡明茶園，茶區稱老崎，崎（客語giaˇ）是坡，有階梯之意。是每年初三或初四阿婆回娘家的所在，通常我們會從中港溪河旁沿著山路上茶園，每位舅公親友家走一遍。

喝著林玉萍泡的東方美人，熟悉感倏忽而至，味蕾觸動感知，「我舅公家就在前面一點，也有茶園，黃姓人家。」講完自己都覺得說不清楚，中港溪流域姓黃的人家何其多，但泡茶的茶師眼睛一亮，「我知道，我師父叫黃文維。」

她是怡明茶園的負責人，做茶、泡茶，負責茶園管理，一手把茶莊打造得像個茶博物館，有餐廳、花園、製茶廠、演藝廳、儲存空間兼喝茶品茗區。在這個內山公路與幾條縣道交界地帶，日本時代起就在此獎勵柑橘種植聞名，丘陵地形起伏崎嶇，山河交錯，開車很容易就上了稜線卻下不來，轉個彎就是另一處風景，是種茶的好地方。在此地擴散出去的茶園，是東方美人茶得獎常勝軍的基地。

印象中舅公家做茶，傳子不傳女，應該不可能收徒弟，「我是他唯一的徒弟，因為我死纏爛打，天天去茶場跟他磨要學做茶。」上個世紀九〇年代初，我們家族聚會經常有個儀式，喝舅公的得獎茶，因為每家只能分到二兩，所以要大家都在的時候才泡，那是黃文維當選傑出農人，得獎常勝軍的年代，連總統李登輝都慕名來喝。

怡明茶園有一款受歡迎的紅茶叫「甘淨紅茶」，有股非常濃厚的焦糖味，我常覺得拿來煮茶葉蛋一定適合，但從不曾造次暴殄天物，那是林玉萍為了紀念他的師父製的茶，用採完夏茶後茶園剩下的老葉，以機器大面積掃過一遍搜集茶菁，烘培好有時要靜置兩年多才做的茶，有一股陳厚的底蘊。

這是因為林玉萍在師父過世後，做茶遇到瓶頸又開始經營茶園，從做茶的數十道工序增加到管理茶園的數百個細節，全部得自己扛下來，茶葉不再只是農業跟手工業，還有管理跟人生哲學。師父在的時候可以做筆記，連師父跟人聊天隨口說的話都能記下來，林玉萍記了大大小小十幾冊厚厚的筆記本，成了她的做茶武林秘笈。

像是風的方向，雨的意義，泡茶的時間，全部都在茶人的經驗與感知裡，林玉萍說最神準的是，像是南風起了，師父要她快點把茶收起來，北風起了，師父說日光萎凋的時間可以再延長一點，問為什麼，師父看看她，「照我的意思做就對了。」

林玉萍的甘淨紅茶是獻給師父黃文維的作品。

其實，她在學做茶的第三年就得到了肯定，很會得獎的師父要她也去拿個獎回來，一出手就得到一九九六年頭份鎮的膨風茶製茶比賽特等獎，或許是林玉萍有天份，或者夠努力，也可能是她挑了膨風茶二十四種製法中，最受歡迎的一種手法。

從膨風茶比賽到東方美人茶評鑑，林玉萍已不再比賽了，因為致力於經營有機茶園之後，有機的葉片並不好看，難被青睞。確實，走一趟茶園就能明白，最適宜做東方美人茶的葉片，瘦瘦小小甚至醜醜的，被蟲叮過的葉子有疤痕，卻五彩繽紛煞是美麗，但那得要看到沒挑過的茶，要拿去比賽的茶，都是挑了又挑的精製茶，看不見自然原本的狀態。

傳統的茶莊像個市集，要滿足各類客人，大眾日常飲品到精緻的工藝，反應行業生態與風土人情，怡明茶園複合式的經營，做到了讓兩歲喝茶的孩子，九十歲飲茶的資深熟客，安頓自在，而這就是傳承的力量。

註 1.臺灣茶的種植紀錄，在文獻上，除了成書於一七一七年（清康熙五十六年）的《諸羅縣誌》記載的水沙連野生茶，屬於臺灣原生種喬木，其他根據日本時代總督府檔案的考據，比較可信的是一八二〇年前後（清朝嘉慶末）福建泉州人井連侯攜茶苗至今新北市深坑種植，或是連橫在《通史》中描述的「福建武彝茶」。至此可以確定臺灣自福建移植的茶樹大多為小葉種灌木茶樹，相較日本時代才引進的大葉種喬木阿薩姆茶為早。

註 2.根據《新竹州統計書》北埔庄的紀錄，一九四〇年茶園面積達到統治以來最高一千五百三十三甲，製茶戶因為日本統治政策，從一九三六年最多五百八十一戶整合成一九四〇年三戶大規模製茶廠。這三家製茶工廠是「北埔庄茶業組合北埔工場」、「北埔庄茶業組合大坪工場」，以及姜瑞昌的「北埔瑞昌茶業組合」。

註 3.參考資料：茶業改良場吳聲舜研究報告

之二 森林是里山的最初

雪山腳下的香菇：如何隱身於世卻不被忽視

流域創生的稻米：如何加入繼承之戰

稻田裡的大菜：如何在間隙中找到歡愉

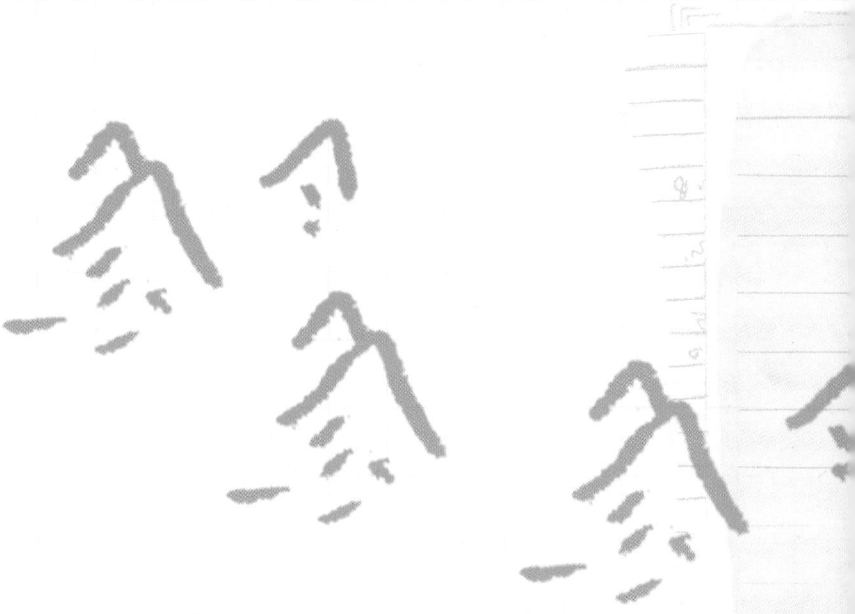

雪山山脈北起三貂角南至濁水溪發源地，進入竹苗地界有支脈加里山山脈，以此發源的河流逶迤蜿蜒到出海口之間，生態繁複多樣，讓在此落地生根的客家人，能夠依風土條件創造豐富的飲食文化。

雪山腳下的香菇

如何隱身於世卻不被忽視

沿雪山山脈西緣山中發展出來香菇種植。

尖石泰雅人把香菇曬乾撒一把馬告煮湯，南庄的賽夏人以新鮮香菇炒鹹豬肉，不論乾貨抑是鮮品，隨著雪山山脈廣披而下，山丘上的人家以此待客送禮。

「花前盥手讀新詩，問病還兼慰別離；步履未痊勞盼念，榴花開遍是歸期。」林獻堂《海上唱和集》，一九四〇年

這一年阿罩霧三少爺林獻堂在東京跌斷了腿，在六十餘日不能行走期間，興起組旅東京詩友會，以此與同鄉文藝青年互通訊息兼慰問，後來由陳虛谷當主編將詩友作品集結成《海上唱和集》。在東方最現代化的都會中，各式新穎的玩意無時不有，但臺灣人探病習慣用高級水果、珍貴食材的乾貨到哪都一樣，再熟悉一點的至親好友會順便捎帶日常用品，這首詩是清水楊肇嘉從神戶回東京知道他生病了，叫女兒去慰問看望，「肇嘉一週間前往神戶，昨歸來，命其女湘玲持鮑魚、毛菰、葛菜、面巾來贈，留之午餐後方歸去。」《灌園先生日記》，一九四〇年一月三十一日

毛菰是指蘑菇（きのこ），那個年代能夠買到的菌菇並不多，新鮮的更是少之又少，最貴重的當數已經開始有計劃種植的香菇，日本人的香菇漢字是椎茸，臺灣人除了書寫用椎茸，也會用香菰來稱呼。從「臺灣日記知識庫」上線的資料中得知，日治時代，香菇與木耳並不是一般家庭常用食材，甚至普通餐廳也用不起，像黃旺成、吳新榮等勤於寫日記又喜歡美食且兼具文人身份的名人中，除了林獻堂、楊

水心夫婦的日記中會出現椎茸或香菰，其他人很少提及。

現今，我們在烏來、三峽、南庄老街吃炸香菇，去尖石、新社採香菇，雪山山脈腳下種植的香菇，鮮菇成了菜市場的常備食材選項，乾貨依然是送禮貴重的珍品。

當時吃菇仍然是難得的事，即便是黃旺成的「紅菇雞蛋湯」出現的次數也不多。只有在冬天早起、身體微恙，或黎明即起去爬山之前會喝這道湯品補充體力外，只有在餐廳的飲宴中才會有一種叫紅菇的菌菇出場，從來沒看過他們提起香菇，香菇不被提起除了珍貴，也是因為在料理中很少以菌菇命名，只有一道毛菰雞，是直接用菌菇燉雞湯。

紅菇是什麼呢？黃旺成在一九二五年八月五日的日記中有，「悠々往客雅赴傳君值東的第五回研究會，什麼萬兵圍、四川菜、雞筋、后里紅菇等珍奇佳味源々而來，更有取涼水柱，此會到此已奢極矣……」這是去餐廳聚會吃的菜餚，紅菇是中國閩南森林裡的特產，臺灣森林也可以採到一些，香菇幾乎不曾出現在他的日記裡。

林獻堂的日記則經常出現誰送香菇來，太太託誰買的香菇已送達，當年的政商頭人對香菇記述如此詳實，除了記錄人情往來，也因為香菇在當時是珍貴之物。上個世紀二〇年代臺灣香菇已栽培成功，有少量生產，再加上原住民採集香菇曬乾販售，但是數量仍然非常稀少，餐廳宴席用的香菇以中國進口貨為多，回顧歷史，當今跟一百年前倒是相似，一九八六年開放與中國交流以來，大稻埕的南北貨商家的普通香菇，以越南轉口的名義進來的中國貨為多，只有極高檔的花菇來自韓國、日本，臺灣自產的高級香菇是缺稀的珍品。

從人類飲食歷史紀錄看來，很長一段時間食用菌菇仍停留在採集階段，並隱含著季節遞嬗與風土人文的情思，日本人珍愛的松茸，在蒐集四世紀到八世紀四千五百多首詩歌的《萬葉集》中有一則，「高本山脊，蕈傘片地鋪蓋，開展、勃發——此乃秋季香韻之奇也。」人們著迷於菌菇的氣味，也沉醉於它帶來的夢境，科學家發現，人猿是吃了含有裸蓋菇素（Psilocybin）的迷幻蘑菇（*psilocybin mushroom*）產生聯覺（Synesthesia）讓大腦產生變異，而能夠思考、有了語言，語言就是一種聯覺。

香菇屬（*Lentinula*）的蕈類，氣味或稱不上迷幻卻也讓人流連，有一種氣味稱作香菇精（Lentionine），是香菇成分中香菇酸（Lentinic acid）轉化而來，也是人們無法忘卻它的原因，再加上香菇多醣（Lentinan）被提升成有抗腫瘤作用，更成為消費市場追求的食材。

在臺灣人發明太空包之後，新鮮香菇已是菜市場上的常備品項，但一般人提到香菇，仍然是乾燥過後的乾貨，珍藏在食物櫃裡，煮大菜時拿出來，一開封便有撲鼻香氣衝過來，那才是我們熟悉的珍味，這也是臺灣料理宴席菜中大量使用香菇的原因。

乾香菇氣味十足，由香菇精（Lentionine），亦是香菇成分中香菇酸（Lentinic acid）轉化而來，也是人們無法忘卻它的原因。

在碗中找不到它在哪，但你知道有它，在口腔裡綻放滋味，吞下入肚，心中有一股暖流升起，是珍惜的滿足感。

香菇是日本時代開啟的酒樓宴席料理中不可或缺的食材，在臺灣總督府法院通譯林久三的《臺灣料理之琹》中，紀錄了六十三道菜，有一半，三十一道需要用到香菇，尤其，含五道甜湯共二十七道湯品之中，只有七道沒有加入香菇。

這些湯有八寶鴨、清湯魚翅、清湯雞、麵線湯、鮑魚肚、清湯鮑魚、栗子雞、清湯參（海參）、清湯鱉、什錦火鍋、加里雞、加里魚、加里蝦、肉丸湯，其中毛菰雞是指菌菇類（mushroom）煮雞湯。

事實上，臺灣料理中的高湯不會特別加入香菇熬湯，一般稱作肉骨湯也叫大骨湯，因為大多用豬大骨，也有用一般豬骨、雞骨或兩者均有熬湯備用。熬大骨湯時不加香菇，香菇要在燉湯時才會出場，有技巧的大廚都會教授，泡香菇的水一起倒入高湯中，加乾香菇取其香氣與鮮味，臺灣菜的鮮味（Umami，旨味）除了肉骨湯的底蘊之外，就是這味隱藏在湯底的香菇精，是島嶼集體記憶之味。

我對香菇有一種珍重的特別記憶，那是因為家中早餐茹素的習慣，隱藏在素菜中的香菇絲有一種結合油漬、鹹甘的口感，和小時候上獅頭山，勸化堂餐室裡各式惣菜（音「總」，配菜、小菜之意）之味，聞其味卻不知所起，我媽說香菇是出家人的肉食，因節省惜物，切得細又放得少，當然不容易吃到，不過想想香菇本來就不是讓人吃得到，是提升層次，是一種昇華感。

作為食材，香菇除了在素三鮮裡會完整大方的一整顆出場，很少被堂堂正正的呈現出來，大部分時候被細切到很難一筷子夾起來，就算是清湯雞，在往後物資充裕時代，加了大朵香菇，稱香菇雞湯，也是為了喝雞湯裡的蛋白質與養分而不是香菇，阿罩霧三少爺通常早餐會來一碗魚翅或雞湯，清湯魚翅端出來時，不會把香菇舀進碗裡。

有了它客家人不再顛沛流離，客家菜不會又油又鹹，煏配頭（biag¯ poiˇ teu），逼出三層肉的油脂，炒出香菇、蝦米和蒜頭的香氣，成就了粽子、炒米粉粄條和客家湯圓。

經常看到描述客家人的字句「顛沛流離」、「又油又鹹」，前者指居無定所，後者是窮困潦倒只得吃肥豬肉跟鹽巴裹腹，我常想，瘦肉跑到哪去了？有錢買鹽巴還會窮嗎？看歷史劇《斯卡羅》裡有一段，在南灣等待澎湖的船載來物資，最重要的一樣就是鹽，有了鹽就有滋味，有滋味的人生或許沒那麼苦吧。

朋友去客庄看收冬戲吃拜拜回來跟我說，「你們客家人真小氣，稻埕圓桌上放一大盤粢粑、一鍋炒米粉、一鍋湯圓，還有糖果飲料，一到就先填飽肚子，等到開席已經吃不下了，或許這樣就可以不用上太多道菜。」

這種誤會來自於早期社會交通不方便，有人一大早就得徒步出門作客，主人得為早到的客人準備點心，粢粑、炒米粉和湯圓都是能夠讓客人隨意自取的食物，後來更演變成各種選舉時吃炒米粉的習慣。而客庄吃辦桌一向會上滿十二到十三道菜，做拜拜的流水席更是無限制整天提供食物。

至今，即使交通方便有自用車，有些長輩還是習慣一早就出門到親戚家打嘴鼓，小時候最討厭一早被叫醒準備出門去舅公家，十分鐘的車程，去到還不到十點，進門先洗手擦臉，桌上有炒米粉、湯圓、粢粑，對小孩來說，最重要的是有瓜子、糖果還有汽水，當然茶盤上有熱茶奉客。

這些以三層肉、香菇、蝦米、蒜頭為基本款爆香的配料，客家話發音是「配頭」，可以做糯飯（油飯）、包粽子，各種粄像是菜包、鹹甜粄、芋頭粄，當然客家湯圓中，小湯圓的湯頭用它來莤香（加香料之意），包大湯圓的餡料也是它。

炒米粉跟湯圓對我來說是一樣的意思，因為只是為了喜歡吃配料而吃，配料比米做的粄來得香又不容易太飽脹，除了基本款，也有加蔥、韭菜或紅蘿蔔絲各式季節食材，看各家主婦的喜好。

據說最早以前並沒有香菇，因為這是客家炒肉（俗稱的客家小炒）的變形，客家小炒來自拜拜過後的三牲，有豬肉絲、魷魚、豆乾再加蔥段去炒，拜拜的豬肉要先煠過甚至煮熟，處理過的豬肉切盤不會好吃，就只能想辦法做重口味好下飯，油、鹹、香是這道菜的特色。

而有香菇的煏配頭提升了味覺，將更細膩的層次表現出來，可以拿來炒米粉、煮湯圓，甚至加蘿蔔乾包粽子，加蘿蔔絲做成客家大湯圓、菜包，煏配頭香不香決定了好不好吃，這一切都是因為加了香菇之後才有了滋味，客家粄食用香菇脫離顛沛流離的命運。

炒米粉和油飯裡的香菇，除了提味還多了精緻的咪緒。

人類從採集到定耕走了多遠的路，原住民打香菇的歷史就有多長；而山腳下霧峰林家吃香菇的歷史，讓臺灣人的湯頭有了更深邃的氣味。

人類食菇的歷史，根據二〇一五年德國演化人類學家包爾（Robert Power）帶領的團隊在西班牙爾米龍洞穴（El Mirón Cave）發現舊石器時代馬格達蘭尼文化時期（Magdalenian）人類的牙結石中有蘑菇的殘留物，由此知道人類很早就勇敢的的採集菌菇食用。而在臺灣的飲食文化中，香菇和木耳的最早文字記錄遲至清領最後一年，一八九五年的《恆春縣志》和一八九四年的《苗栗縣志》，此時才出現蕈與菌的描述，並引用《說文》的解釋：「蕈，桑萸也。菌，地蕈也」亦即，「蕈為桑樹上之木耳；菌則為生長在地面上的蕈。」

但臺灣原住民的先民神話跟生活技能中，早就對菌菇有所認識，尤其是傳統領域在北段中央山脈稜線附近的民族，像是鄒族的創始神話中有長得很醜的惡神綏梭哈（*Soesoha*）在洗頭時，河面漂浮著大量菌菇，象徵醜陋與邪惡。賽德克族有吃「鉅菇」的故事，而不論是泰雅族或賽夏族都有「打香菇」的採菇技能流傳，暴風雨來臨之前要先把樹木放倒，颱風過後就上山把木頭敲一敲，豎立起來，這跟希臘羅馬人的傳說，閃電之後會有菌菇爆發，或是中南美洲的印第安人的廟宇中有蘑菇石，相信閃電帶來的自然力量。

焗配頭，逼出三層肉的油脂，炒出香菇、蝦米和蒜頭的香氣，成就了粽子、炒米粉粄條和客家湯圓，例如煮傳統客家板條，現今也多半會加香菇。

從新竹尖石、臺中新社發展起來的段木香菇栽培，與原住民的傳統領域相貼近。

香菇的學名*Lentinula edodes Sing*，日本漢字寫作椎茸（しいたけ），臺灣可以找到的菌菇有上千種，可食用菌不下於兩百種，大規模的栽培各式菇類像金針菇、杏鮑菇等，每年食用菇產值超過百億元，唯獨香菇在島嶼上有不可取代的飲食文化上意涵，一來是早期被視為珍貴食材，最早被農業人員關注，已有百年的植栽歷史，更重要的是在臺灣料理的發展上有不可取代的地位，是精緻菜餚的代表。

日本在西元三七八年前就有人工栽培的記錄，香菇大規模的人工種植起於一九四二年日本森喜作博士的「種駒」（たねごま，象棋棋子狀菌種）法，木材切成棋子般大小並殺菌後，以菌絲接種，放入束口瓶後，補充營養劑和水，放在室溫下培養，等待種駒木片長滿菌絲做為種菌；同時在適當的段木上打洞，再把種駒塞入洞裡。然後將段木放在森林裡，適時澆水，保持適當的溫、濕度，與光照，直到香菇的子實體長出來，摘採。

至今，市場上有品質的段木香菇，仍是用這種古老的方式培養，強調自然孕育，讚嘆大自然的奧妙帶來的美味。臺灣目前知名的香菇品種 271 與黑早香菇，做成乾貨在市場上販售，有些商家為了提高銷售價值還會在包裝袋上標示品種名，有別於專門以新鮮香菇銷售的品種 921 和 922。

在臺灣，日本人於一九〇九年在埔里以人工段木法種植成功，到一九七〇年發展出用袋裝木屑來種植，走進舉世聞名的太空包栽培法。一九一五年澤田兼吉記錄臺灣人的做法，「以椎木砍花，並施予香菇菌褶胞子配合滔米汁法，進行人工栽培。」在臺灣博物學會會報發表，在他的紀錄裡尚有，一九三〇年的「臺灣香菇主要自中國輸入，並有以人工栽培成功，及原住民採集野生香菇烘乾出售。」這一段描述用來形容現今臺灣人食用香菇的來源，也不會違背現實太遠。

雖然臺灣的法令禁止中國香菇進口，但自上個世紀九〇年代起，南北貨最大食安問題就是自中國違法偷渡的乾香菇與香菇製品在市場上流竄，每年香菇用量大的年終慶典或年貨販售期間，都會被一再提醒如何辨識臺灣產香菇的特質，尤其，近年來更有假託越南進口的洗產地香菇。

香菇，自來就奇貨可居，如今是臺灣香菇難得，本地香菇每年五千多公噸量仍然不足以應付龐大的消費市場，光是新社一個產區就有二十億的營業額，臺灣人喜愛香菇自不待言。而這只是乾香菇的量，尚不包含愈來愈多新鮮香菇食譜，做成關東煮、天婦羅的日式料理，臺灣料理炒時蔬經常以新鮮金針和新鮮香菇燴炒，流行的烤肉店必定有一盤烤香菇，才算是完美。

精進農業帶來精緻菜餚的視野，從香菇絲變成木耳絲，就能把五柳居變成五柳枝，香菇是精緻飲食的指標。

以臺灣人宴客喜歡的八寶系列菜餚，鹹八寶飯、八寶鴨（湯）、八寶蟳羹等，從食材來看，大部分的食材均可替換，唯獨有提味作用的香菇不可更動，有了它就有高級感。

八寶蟳羹是這系列料理中比較容易上手的一道，尤其，當今可以買喜歡的蟹肉丸子或處理過的蟹肉備用，《臺灣料理之栞》的食譜配料有香菇、白菜、火腿都切絲備用，以及，早期臺灣人以鴨蛋入菜為多，無論是為了做丸子以鴨蛋增加黏稠度，或是羹湯上打顆鴨蛋，八寶蟳羹除了勾芡之外，也以蛋花增色。

我印象最深，回想起來鍋子裡冒出帶著香氣的煙霧好似還在鼻尖上，那是一位祖父輩在日本時代即定居關西，父母輩才回臺結婚的老友，她訂婚時我們去作客，她母親在廚房裡熬湯，我在旁邊被她的手法迷住了，臺灣貴婦一手握著湯勺、一手抓著一大把香菜，一邊跟我說話，「燉鮑魚也是這樣的，時間要久一點，我們今天喝雞湯不用那麼久。」此後，我以為只要是燉湯的香氣都該如此，確實也是這般，很久之後朋友才說了關鍵的一點，「一定要用日本花菇，氣味才夠。嗯，次之用臺灣最高級的段木香菇，其他的都不行。」

材料：

母雞最佳、蒜苗三根、花菇十二朵到十五朵（煮之前先泡軟、切掉蒂頭）、香菜一把。

作法：

- 全雞、蒜苗洗淨放入鍋中，水量要蓋過雞，從冷水開始煮。
- 水滾了後轉小火慢燉，半途加入花菇一起燉，全程約兩小時，要熄火前加入鹽巴，醬油調味。
- 最後煮好靜置半天再吃，或隔天更好吃，要上桌之前再加熱，同時把香菜整把放在上面蓋鍋蓋悶一下，隨即可吃。（瑛娟的家傳食譜）

另外，應該一探究竟的是這道，從宴席菜「五柳居」成了家常菜「五柳枝」，木耳替換了香菇，這道料理好似從神壇上走下來，在臺灣人的飯桌上流轉。

香菇雞湯是最知名的香菇料理，現今加一些巴西蘑菇，更具滋味。

鮮香菇做炸物，燴乾香菇做素菜，都是為了要逼出香菇的氣味。

日本時代的菜譜中，不論是《臺灣日日新報》抑或《臺灣料理之栞》等各種食譜中都以五柳居稱之，主食材通常用嘉鱲魚，配料是肉絲、筍絲、火腿絲、蔥絲，以及香菇絲。

至今，香菇絲為木耳取代，火腿用紅蘿蔔代替，臺北總鋪師阿燦師的評點是，五柳枝在廟會辦桌或祭祀儀典之後的餐宴中，因閩南人祭祀拜拜一定要有熟魚，為了好看通常將魚炸過盛盤上供桌，而炸魚容易乾柴，祭祀結束也冷掉了，廚師只得想辦法變得美味，一般人切菜不若專業廚師精細，通常切得比較粗，一支一支的像樹枝，因此稱「五柳枝」。

尤其，用料也以容易取得或常用的食材為主，吳郭魚，木耳、紅蘿蔔、酸筍、蔥蒜均可，五花肉切絲爆香，加糖加醋，勾芡端上桌，他特別說明，以前能使用的醬料不多，因此不論是五柳枝還是五柳居，看起來都透明澄澈。

香菇轉換的不只是氣味還有出場的地方，一道菜傳統菜餚是加香菇還是木耳，可以看出時代感也透露餐宴等級，而乾香菇至今仍然是高級禮盒的選項，乾燥過程中逼出的香菇精，才會讓人迷醉，所以即使是料理新鮮香菇，也要先在乾鍋中煸炒把香味煏出來。

流域創生的稻米

如何加入繼承之戰

火炎山腳下的大安溪流域的稻田（攝影／許瑛娟），與苑裡平原的稻米（攝影／江申豐）

在這個島嶼上唯有混才能生存，混種、剖米，以及偶然雜交。

一九二〇年代的青年從農田走出了文化運動，一九七〇年代的農村青年從田梗走進小鎮工廠，二〇二〇年代的工程師找到農田密碼成了自耕農。

二〇二一年九月，疫情方興未艾，旱災告一個段落，去苗栗通霄溪流域的楓樹窩看稻作，田裡的秧苗已超過十吋高，傍晚剛好下了一場小雨，禾埕水痕在夕陽的映照下，人影樹影交錯，盪出迷濛的田園風光；這並不是這一年來的農村稻田全景，插秧的水田間隔著休耕的旱地，用一半沒有插秧的農田來換取休耕補助，才是真正的農村風景。

旱災荒年，在大肚溪以北的第一期稻作幾乎全面停止供水休耕的政策下，面對水荒的農民或許覺得拿休耕補助還划算一點。

當然，也有在乾旱最嚴峻時期都不願意休耕的農民，勉力維持稻作農耕，這一群人並不是勞動一輩子無法不耕作的老農，而是被稱為青農，在農田裡創造個人品牌的新生代農夫，他們必須對已先預付了一年份買米預算的客戶負責，不能讓這些被他們務農熱情打動的支持者失望，這些二十一世紀之後才有的新面孔，有一個名詞形容他們——返鄉青年。

米酒、地酒與臺梗九號，火炎山腳下大安溪流域的丘陵平原是穀倉，而遠眺火炎山頭能看見從山上沖刷而下的石頭如鵝卵。

當了二十年返鄉青年的江申豐，最知名的一部作品是擔任魏德聖導演的《賽德克·巴萊》的攝影師，最接近他情感核心的是拍陳坤厚的《新魯冰花》，這是他「半影半農」的影，二十一世紀形容在臺灣務農的年輕人最流行的用語是「半X半農」，因為兩個半才足以過活，至於江申豐的農就不是能以某片的攝影師這種職稱可以簡單說清楚了。

他的老家苑裡屬於大安溪流域，號稱苗栗的米倉，在這裡種稻有得天獨厚的地理條件與傳統農作資源，但是他的工作卻不只是種田的農夫這麼簡單，甚至他下田的時間還比不上他花在思考種哪一種米，如何賣米，米還可以做什麼，或者如何釀出一瓶米酒的時間，看起來當農夫困難又複雜的程度遠遠多過把鏡頭掌握好，甚至他必須幫其他農友賣創作出來的農產品。

江申豐一開始帶著浪漫的想像挑戰最難種的臺梗九號米，因為一九九三年才命名，在臺中農改場許志聖研究員手裡育種而成的臺梗九號，被譽為臺灣的越光米，達到壽司米的等級，一度因為一份研究報告裡的數據顯示，這款米的蛋白質麩朊米穀蛋白具有抗白血病免疫功能而被神化，在兩千年之後，為各大品牌米爭相以它來建立品牌形象，只要推出臺梗九號米除了能保證銷售之外，也顯示出品牌友善耕作的社會責任。因為耕種困難度高，收成率低，只能以高價出售的米也必須以有機米來推銷。

這個品種其實不被一般稻農青睞，種植面積在所有品種中只佔百分之三上下，並不能供應品牌所需，混充、假冒的傳聞時有所見。

然而挑戰種植臺梗九號成功的江申豐是把米種起來了，但在上個世紀八〇年代，水稻種植面積已達飽和狀態，而食米消費量卻逐年下滑，品質再好的米若沒有食用人口，仍然賣不出去，如何賣米，如何處理種出來的米，是現代新農人最大的苦惱。

江申豐的商號精米所賣優質米和農產品，在白米、糙米、蜂蜜、蔴油等隨著季節轉換的眾多農產品中，二〇一九年增加了精釀燒酎，因為二〇一七年他把一千五百公斤的米送到霧峰酒莊製酒，過了兩年十個月做出三十八度和四十五度的白酒，也就是燒酎。投資一百二十萬做他心目中的燒酎，像是日本各地強調自己家鄉風土的地酒——苑裡精米所的地酒，江申豐計算了一下淨利應該會有一百五十萬，那是指酒能夠全部賣光的情況下的算數。

米酒是臺灣人的日常，並不是說臺灣人每日要飲酒而是指三餐料理都可以加一點酒，早晨的魚湯滴幾滴酒去腥，中餐炒芥藍噴一些酒，晚餐煎魚前先抹一些料酒入味，用紅標米酒燴蘿蔔排骨等等，把米酒當作調味料的煮菜習慣，不知道是因為臺灣菸酒公賣局以來，釀造了大量的便宜米酒供民生消費使然，還是臺灣人本來就習於把米酒當作飲食生活的一部分。

「酒飯各二種。飯不拘秫、糯，炊而食之；或將糯米蒸熟，舂為餅餌，名都都。酒用黍米浸水，越宿舂碎，和以草曲，三、五日發氣，水浸飲之；一將糯米炊飯，拌曲置桶中，逾三日，澄汁蒸酒，番極珍之。」

這是距今正好三百年前，《臺海使槎錄》的作者黃叔璥走到江申豐現在種稻的地方受到的禮遇，臺灣人的祖先真是會釀酒的民族。

臺酒的米酒在公賣局時代的品名其實只是「米酒」，但是標籤為粉紅底反白稻穗，米酒二字為正紅色，一般人習慣說「紅標米酒」而來，因為加入WTO而改制後的菸酒公司，沿用臺灣人的習慣名稱為品名，目前有「特級紅標純米酒」、「紅標米酒水」、「紅標料理米酒」幾乎是所有廚房必備的料酒之外，更是有些人習慣每日來一瓶的飲料。

在酒牌還沒有開放的年代，除了進口高價酒，只有臺酒能選擇，因此在臺灣戲劇、文學或新聞裡經常會出現的一個場景是，黃昏時刻，剛下工的男人，獨自一人坐在昏暗的屋子裡，桌上一瓶米酒一只玻璃杯，坐在板凳上一隻腳還要屈上來踩在椅子上或翹腳獨飲，或兩三人在小吃攤叫一瓶「米酒頭」，這些男人喝的都是紅標米酒。鍾文音有一首詩〈父親〉是這樣：

夜晚到來，米酒頭就要上場／遺忘寂寞／
把夢浸漬在米酒大海／開出的花都／酒國名花／
挺進長浪的異鄉水手／帶著島嶼的農田氣味

至於那個每個家庭都有三五個小孩以上的年代，育產期非常長的母親更常見的是坐月子必備的雞酒（麻油雞）必須用米酒，想像上個世紀八〇年代之前，臺灣人用了多少臺酒的紅標米酒。

酒牌開放後，私人釀酒興起，自日本時代以來就被官方設定為公營事業的釀酒業，缺少釀酒業的社會，在兩千年之後才要開始釀自己的酒，這也是眾多返鄉務農青年仍然選擇種稻的一條出路，畢竟農產品的價格再高都高不過轉換的食品。

香米、糯米，從益全香米回看島嶼米香的世界，香米好似內鍵在臺灣人體內一般，鏤刻在DNA裡，自然會引發能夠種出有芋香的米，做出有米香的食物。

一直以來，臺灣稻米種植並沒有特別為製酒育種酒米，臺酒仍然以收購種植面積最大的食用米來釀酒，像是九八年以前的臺農六十七號，〇五年以前的臺梗八號，至今栽培面積最大的稻米品種是臺南十一號。而每隔幾年就會出現受歡迎的新稻品系，當代鍾愛的是芋頭香。

臺灣人追求的香米，得從兩千年發表的益全香米說起，這是臺灣史上第一個冠上育種者名字的品種——臺農七十一號益全香米，農試所稻作研究室主持人郭益全博士及團隊耗費十年時間所培育的品種，然而在正式命名前夕，郭益全卻因為研發香米積勞成疾過世。新世紀到來，臺灣人在解嚴之後第一次政黨輪替，標示一個階段的開始就有新的挑戰出現，臺灣也必須對外開放，兩年後加入 WTO 的自由貿易體系，造成農業天翻地覆的改變，臺灣米進入了比精品更精益求精的「良質米」境界。

二〇〇三年的大學基本學力測驗一道作文題目〈香米碑〉，要學生「運用文學想像，以「香米碑」為題，鋪寫一篇紀念郭益全博士並記述臺灣香米育種歷史的文章」，這道考題不但讓只知吃飯不知米的人也認識臺灣米的品種，更把香米推高到一個境界。

臺灣人喜歡香米自〈番俗六考〉記錄得知：「種秔稻、黍糯、白豆、綠豆、蕃薯。又有香米被長大味醇氣馥，為飯逾二、三日，香美不餲：每歲種植指供一年自食，不交易，價雖數倍不售也。」這是清領時期的鳳山八社，就是現在屏東地區的風俗，這段紀錄讓我們知道，島嶼自來有梗稻和糯米，其中有一種香米的氣味馥郁，受眾人喜愛，只種來自己吃再貴都不賣。

益全香米以日本絹光米為母本，取食味和外觀，以臺梗四號為父本，取其味；此味是米粒在鍋中翻滾時飄散出的芋頭香，這也是所有以臺梗四號為父本的品種特有的氣味，有小香米之稱，〇四年命名的桃園三號即是，這一年也是農委會首度舉辦「全國稻米品質競賽暨全國冠軍米競賽」的第一年，桃園三號在發表十年後就拿到一四年的全國優良米冠軍，這個比賽逐年細分，分香米組與非香米組，後來更細分成各個品種的比賽，日益追求更精緻的米。

從實驗室到田野，我們想念的鄉村風景，農村生活，是臺灣人的底蘊，建構溫潤如水的胸懷，自此有底氣向前走。

二〇二〇春天到隔年，我在豐年社上班一年，最初在籌劃豐年七十週年慶，因此看了大量的雕刻家楊英風與畫家藍蔭鼎的作品；前者是在《豐年半月刊》擔任十年（一九五一至六二年）的美術編輯，後者是豐年社創辦人兼總編輯。《豐年》是美援創辦的刊物，戰後至七〇年代，臺灣仍仰賴大量農產品出口賺取外匯的時期扮演重要角色。

兩位同是出生於宜蘭的藝術家，對農村風景自不陌生，但他們在《豐年》的作品，不管是經常以水牛與牧童創作的楊英風的〈豐年〉或〈農村生活〉系列作品意象，還是藍蔭鼎描繪具有空氣感的農村環境水彩畫，在上個世紀八〇年代都已不復存在，工業化城鎮與機械化的鄉村，讓島嶼空間地貌完全變了個樣。

楊英風有兩幅速寫〈於土城望火炎山〉（一、二，一九五五）是他在草屯土城遠眺火炎山的作品，或許大部分的人都會被好似火炎跳躍的山頭吸引，忘了看山腳下捲曲如稻浪的平疇田野，這裏是苑裡三義交界，大安溪畔的米倉。

每次南下，不論是走一高或搭火車，在大安溪上看幾近垂直的波浪型紅土山壁，就會開始不自覺熱得想擦汗，臺灣的兩個世界是火炎山以北跟以南，界線在此，這座佇立在大安溪上，三義鄉和苑裡鎮交界的爍石山頭，是被大安溪沖刷而下的土石流經雪山山脈造山運動推擠隆起，因此山頭的橢圓形卵石原來曾經是河床，若站在六百公尺高的山頭極目四看，六月苑裡平原的大片金黃稻浪是農民勤勞的成果。

一九八〇年代的農村景象不復見，楊英風的農村也不是我的鄉村生活，但有兩種體感讓人印象深刻，一個是割稻機轟──轟──轟的刺耳聲響與瀰漫在空氣中被彈飛帶著刺屑的穀殼香氣讓人渾身發癢；還有一個氣味不是來自田間卻是為了田裡農忙而準備的米篩目（米苔目）、水粄（碗糕），以及炒米粉的熘配頭香氣與黑松沙士在口腔中爆發的爽快。

有些農村旅遊推廣米食，我從這個概念才明白，上午十點多或下午三點多，歐巴桑用竹籃挑到到田裡的點心叫割稻飯，南臺灣耕地面積大，食籃裡挑的真的是飯菜，我庄的場面沒有這麼大，挑的只是暫時安撫腸胃的點心，在一期稻作收穫和二期稻作插秧的暑假期間，有加冰塊的米篩目、綠豆湯、水粄和沙士或汽水，等到二期稻作收成，十一月中下旬稻田裡的點心，換成了炒米粉或鹹湯圓，汽水、沙士和熱茶是一定要備著的飲料，這是我庄的農業歲時儀式。

客家米食做粄成為一種族群文化，以糯米製作的食物幾乎與生命禮俗相映，而糯米才是從臺灣原生種發展而來的稻作。

臺灣粽分南北，米食文化卻少有閩客之分只有稱呼之異，在臺三線與海線之間的丘陵或平原，閩客兼有但仍然以客家人為多，從歲時看客家米食文化，也可以看到臺灣人如何使用不同種類的稻米。稻米有梗米（蓬萊米）、秈米（在來米）和糯米，糯米也有梗（圓糯）、秈（長糯）之分。

使用糯米，在冬至吃粄圓（湯圓）之前，先有新丁粄，亦即紅粄（紅龜粿），此時正值二期稻作收穫時節，這一年有新生男丁的家戶會在農曆十月半作新丁粄敬神，在我鄉算是秋收時期不大不小的節日，因此割稻除了炒米粉，也會提前煮粄圓或用比較簡便的菜包來取代。

粄圓是客家米食中最知名的一種，以糯米粄脆製作，粄脆接近水磨粉但不需要像

傳統知名的客家米食以糯米為主製作，像糯飯、大小粄圓（湯圓）或菜包（豬籠粄）

水磨粉完全乾燥到粉狀。將米泡過水後磨成漿再將多餘的水瀝乾，小時候看阿婆用石頭壓一個晚上，第二天再搓粄圓，講究的還有一道工序，將粄脆分一半煮過成了粄麻（粄母），再混合入粄仔（用手擠壓揉勻），手感有粄的韌勁與柔性之後，才能分成一顆一顆搓粄圓。用全糯米與傳統工序做粄圓才會有臺灣人講究的臬（khiu，發音似Q）彈。

另一種方便的吃法是包菜包，是放大版的大湯圓，做成船型，也有一說豬籠粄，因為像是抓小豬的籠子，無法想像的話可以參考豬籠草，只需要蒸熟即可食。冬至到清明這一段時期的粄大部分用糯米來製作，春節用的鹹甜粄（年糕），掃墓用的艾粄（草仔粿）都是。

臺灣知名的米食幾乎都是糯米，從小吃的名點米糕到餐廳經典八寶飯，圓糯做鹼粽、粢粑（麻糬），長糯有飯糰和珍珠丸子，每到端午節前都在戰的粽子是長糯米混圓糯米，以長糯米為多，至於春節一定要蒸的鹹甜粄（年糕）亦如是。

粢粑或許是我們平埔阿婆的遺產叫都都。

糯米對臺灣人來說不只是食物，還是築牆的建材，荷蘭人建造熱蘭遮城（安平古堡）用糯米、甘蔗和蚵殼灰，更早之前，原住民食用紅糯米，南投有原生種香糯米，糯米在民俗風土上有更深刻的運用。

期間，臺灣史上最知名的糯米橋橫空而現，一九〇七年建成的魚藤坪橋是臺灣鐵道最美的橋樑，日治時期總督府委託三叉河出張所長稻垣兵太郎設計，並由美國技師施耐德（Coopper Schneider）設計中央桁架樑，並在三義蓋磚窯燒製特用紅磚，建造臺灣縱貫鐵路最高、最陡、施工難度最高的路段，標高四〇二．三二六公尺，以及跨距最大六十一公尺的鐵道橋樑。

魚藤坪橋在一九三五年新竹臺中州大地震震毀，震央就在附近的關刀山，左移（下游八十公尺處）重建後，原址稱魚藤坪斷橋，即為現今改名的龍騰斷橋，在一九九九年九二一大地震時又再毀損一部分，二〇〇三年依文化資產保存法指定為縣定古蹟。

三義是農產富饒之地，以各種客家米食知名，其中鯉魚潭水庫灌溉的農業地景，成為重要的觀光資源，觀光客最熟悉也最喜歡的客家米食當推粢粑（麻糬），而臺灣人吃粢粑或許可以往前推三百年，「官廚未識都都味，首頂粢盤　婦先。」黃叔璥走到臺灣中部，亦即〈番俗六考〉中的北路諸羅，因為受到熱烈歡迎做了六首詩，其中一首提到他們吃到連官方的廚子都不知道的「都都」，粢盤應該就是裝著粢粑的盤子，或許客家人不該把粢粑據為己有，宴客迎賓先來一盤粢粑，是平埔族人最先開始這麼吃。

蓬萊米和在來米之分，長糯與圓糯有別，累積了混米或剖粄的底蘊，做粄成為鄉村主婦的專門技藝，地方飲食得以搬上檯面。

林生祥有一首〈芋頭粄〉傳神的唱出了如何料理熇配頭，美濃地區的客家人，會在七月十五中元節敬天祭祖拜鬼神，主婦慎重其事攢（tshuân）牲禮，小孩等待配料豐厚的芋頭粄。祭祀經常在熱天午後，廟會祭典的夜晚依然熱風襲人，但歲時有節奏的進行，同時紀錄風土民情，植物有時，生命延續。

芋頭粄是夏季食物，也是客庄傳統菜市場四季都一定買得到的特色食品，和在一期稻作收成期間的點心米篩目、水粄仔一樣，都用在來米製作，也有一些自家的配方或習慣，同時以在來米和蓬萊米各半，製作時要剖米（混米），比例多少是主婦的心法。

日常煮飯以蓬萊米為主做粄較少用，但有一種粄會用，那是掃墓或祭奠時用的發粄（發糕），單獨以蓬萊米做或和在來米混米。

夏季米食多用在來米做，最有名的是水粄仔和米篩目，以及明亮的鹼粄。

發粄也假柿子，是傳統祭拜儀式喜歡用的供品。

這食物於我而是傷心也是難吃的食物，傷心是早逝的三叔是我第一次成年時面對家族親人因病痛折磨離去，因為年輕早逝對他的妻子與小孩，我的叔母與堂弟妹們造成的傷痛好像不會消散，於大家族成員好似被病痛與死亡的陰影籠罩著。有一段時間，做七或忌日時，叔母一定蒸發糕，每一次都要跟自己較量蒸得美不美，蒸得不美是因為粄發得不好，所以要重新蒸過，不斷跟自己較勁的結果就是蒸了很多發粄。

發粄是真熱愛客家米食的人最喜歡的一味，看似簡單要做到滿意並不容易，就算現代的傳統客家主婦也不太願意做，就曾聽我媽抱怨，去市場買的發粄不是「假柿子」，她說跟市場經常交關的歐巴桑詢問，「這不是假柿子？」可以想像我媽帶著質疑的口吻，而得到對方理直氣壯的承認時，錯愕又火大的樣子，「竟然這麼假，偷呷步。」

發粄客家人說是假柿子，因為蒸開的發粄像個紅咚咚柿子很喜慶，用客語海風腔是「kier-」（柿子），柿子發四縣腔是「cii-e-」，我媽指責菜市場阿桑是因為現在的發粄用省事的方式做粄，市面上袋裝米粉、速發酵母加紅糖，用水攪拌後就拿來蒸，少了繁複的傳統工序就沒有地方風味，成了難吃的食物。

傳統假柿子作法應該要這樣：

食材：在來米三分之一，蓬萊米三分之二混合（這個在客語裡有個專有名詞叫剖粄），紅糖很多，再加酵母（最好是前一年做粄留下來的粄脆，老麵的概念。）

作法：

1. 兩種米混合磨漿，壓乾變成粄脆（乾的米漿的意思）

2. 加酵母粄，揉很久

3. 放陶缸裡靜置半個月（因為是冬春時節冷天，發酵比較慢，傳統伙房通常放廚房灶邊）

4. 想吃的時候捏一團來蒸（快用完時，記得將缸中的粄脆留一點起來明年用。）

蓬萊米的時代來臨，當年的新竹州和臺中州一帶的獻穀田大致與今天的稻米產區相近，北起桃園街區、大溪，新竹新埔、竹東，到苗栗南庄、公館和苑裡、西湖，臺中海線的大甲和山線的東勢與豐原等，亦即臺三線到鐵路海線之間的丘陵與平原區。

客家米食中季節性明顯，有句味意涵的是菜頭粄（蘿蔔糕），蘿蔔是冬季食材，也只有蘿蔔產季才能吃到，講究的人以在來米和蓬萊米剖粄來做。而可以取代米飯兼做主食的是米粉和粄條（粿仔條），這兩款也是客庄小吃攤或餐廳必備選項，以至於乾燥米粉長期以來用作客庄伴手禮，以「新竹米粉」最知名。

因小英總統的國宴而聲名大噪的粄條，後來也有了包裝速食包，但仍然保留濕潤度的冷藏食品。這兩款米食大部分時候會加樹薯粉、太白粉或地瓜粉，比較不容易斷裂，也因為要克服容易斷裂而加其他植物性澱粉的做法，尤其，以玉米澱粉取代米粉，甚至使用人工合成的玉米味化學物質造成有害健康的疑慮，這些引起假米粉之亂事件，讓衛福部為此事訂定含米比例的標準，才讓爭議告一個段落。

衛生福利部於二〇一三年十一月二十九日公告訂定「市售包裝米粉絲產品標示規定」，並自二〇一四年七月一日生效。依該規定，米粉絲產品米含量為百分之百，品名始得標示為「純米粉（絲）」或「米粉（絲）」，如米含量超過百分之五十者，其品名得標示為「調和米粉（絲）」。惟如米含量未達百分之五十，其品名不得宣稱為「米粉（絲）」或「調和米粉（絲）」，避免造成消費者誤解。

島嶼被稱為福爾摩沙在於鬱鬱蔥蔥生機盎然的景象，在地質上是歐亞板塊與太平洋板塊撞擊隆起之地，北回歸線橫過之地涵蓋熱帶到寒帶的物產，各處都能形成小小的微型氣候養育一方之人，在日本時代移民戮力育植新米，蓬萊米誕生帶來新的食米時代。

外公在我出生之前就過世了，每次聽我媽的回憶總覺得是在聽傳奇故事，確實，我媽是被廚房與小孩埋沒的說書人，其中一則，有一天我外公收了一筆款項，在南庄街上的米店裡看見眾多米籠裡有一袋最白、顆粒最大，非常美麗，看起來就很可口的米，想著自己的母親這麼老了還沒吃過這麼好的米，比自己家田地裡種的米還要高級，就買了這袋最貴的米回家，拿給他的母親煮，我的外阿太（外曾祖母）說，「阿榮，這是日本人吃的米，你怎麼買得到。」我媽每次講起小時候，大部分時候都是哈哈大笑的愉快記憶，跟她講鬼故事時的神秘微笑不同，這個故事她想說的是，有錢什麼都買得到，最貴的米糧也一樣，讓我媽神秘一笑。這應該是一九四五年以前的故事，距磯永吉和末永仁育成臺中六十五號米——蓬萊米，誕生不到十年就已經廣植於臺灣各處。

二〇〇九年臺北市在臺大校園內公告一處市定古蹟「磯小屋」，是一處以稻米為主題的展覽館，以紀念「蓬萊米之父」，日籍臺北帝國大學（臺大）教授，農業專家磯永吉（一八八六至一九七二），在一九二五年和嘉義農事試驗場技手的末永仁開始改良在來米，末永仁在今臺中霧峰使用「神力」與「龜治」兩個日本稻品種育種，一個意外，混入臺灣山區陸稻的基因，在一九二九年培育出產量與口感俱佳的臺日混血臺中六十五號，開始大面積栽植，栽培面積在一九三五年超越在來米，正式開啟蓬萊米的時代。

一九二三年裕仁皇太子（昭和天皇）來臺吃到最喜歡的一道食物是八寶飯，那是糯米的名典，當時蓬萊米也還沒有育成，一般人吃的仍是在來米，提到宴席，臺灣人請客反而不會端出一碗飯，會用其他的米食替代，亦即臺灣人的宴席菜沒有主食只有主菜。

稻米作為臺灣人的主食，若要探究我們從何時開始吃米飯，可以找到最新挖掘的南科史前遺址中發現五千年前的上萬粒稻米化石，證明南島民族在新石器時代就開始種植 稻穀，堪稱「臺灣第一米」的品種即為粳稻。水田秈稻則是早期閩粵人渡海來臺，將中國的「秈稻」與水田耕種技術傳入臺灣，將近三百年的時間臺灣人吃在來米。而我們現在吃的米飯，大多是蓬萊米，是在臺灣與野生米混種的日本米。

臺灣原住民的祖先在五、六千年前來到島上，最早的長濱文化就有稻米碳化的遺跡，或許稻米作為臺灣人的主食，此時已經開啟了不斷進化的旅程。

我們如今吃的飯

稻田裡的大菜

如何在間隙中找到歡愉

要天時地利人和，要風和日麗心情好，要耐性十足滴水不沾，要溫度濕度陰暗度適中。這是指大菜的三種變形，鹹菜、卜菜和鹹菜乾。

我阿婆擠卜（覆）菜的時候，口渴了就會叫一聲「端茶來」，她在禾埕玩的孫子女們就要手腳快，先跑到客廳倒水再端到亭仔下（腳），這時通常是我蹲在旁邊，很快地接過手堵到阿婆的嘴邊，阿婆又說了一聲，「慢一點啦，」才一口喝完。因為目不轉睛看她用一根拇指大小的圓棍子不停在紹興酒瓶裡擠壓卜菜，一失手就把茶水滴到她的領口，汗水、茶水還有我的口水把阿婆弄滿身。

客家人把芥菜（*Brassica juncea*）叫成大菜，一八九五年《苗栗縣誌》有：「大菜：有包心、缺葉兩種。十月種，十二月盛。居民用鹽漬，以供日用；故俗呼為年菜。」這個描述至今適用，只是大菜品種不斷演變，我們依然熟悉的還是大葉芥菜（*Brassica juncea var. foliosa*）。

我們要更細膩地說出一百多年醃漬大菜的手法有多麼出神入化，以及客家婦女運用大菜的智慧如音符指揮若定，讓幻化出的種種食材各安其所。

大菜仍然停留在季節鮮蔬之時，最知名的吃法莫過於長年菜，無論閩客，都是過年年夜飯桌上最重要的一鍋菜，有了這一鍋初一到初五不用愁，我聽過最厲害的是吃到天穿日（農曆正月二十），聽過的幾個版本大都是，誰家的阿公喜歡吃長年菜，從年夜飯開始，一鍋菜從黃綠色吃到深褐色，愈煮愈鹹，吃到後來用筷子沾一點就可以配一碗飯。小時候不懂長輩這類講古的意寓，長大後想來就覺得有趣，本來以為是用來勸後生要節儉愛惜食物，後來才發現是因為吃長年菜可以長壽並且把故事說成了傳奇。

芥菜（*Brassica juncea*）客家人叫成大菜，可做長年菜或熬雞湯。

一八九四年倪贊元的《雲林縣采訪冊》的斗六堡篇有：「煮芥菜，待酸食之，曰長年菜。」長年菜的說法差不離跟農曆春節有關，但不論閩粵漢人都喜酸食之，想來是喜歡發酵的味道。

醃漬大菜最初階是鹹菜，醃到恰當酸味取出食用是外省人說的酸菜，常在牛肉麵店的桌上看到，客家人的餐桌上是煮鹹菜三層肉（腹脇肉）湯，酸甘滋味不油膩，讓平常不敢吃肥豬肉的人也敢嘗試。冬天煮魚肉用醃漬一兩個星期的鹹菜調味最好不過，鹹菜燴魚或炒豬肉絲。

吃鹹菜豬肉絲最深刻的印象是高中時期，住宿舍的同學都會帶能夠保存七八天的家常菜解饞，通常是醃製類食物，而鹹菜炒肉絲是最受同學歡迎的一種，經常有被偷吃的疑慮。肉絲是三層肉切絲爆蒜片蝦米再和鹹菜炒到油滋滋，起鍋前放一小匙糖，記得有位同學說，就是要冷冷地吃被白白的一層豬油凍住的鹹菜才夠味，酸酸的有點油帶著一股甜味，每天來上兩口，可以支撐到週末放學回家。

再來是卜菜（覆菜），醃到發酵完滿，乳酸菌量最恰當時的鹹菜取出來曬太陽，水分曬到七八分乾再裝瓶，就是我阿婆的擠鹹菜乾。用來炒桂竹筍、炒豬紅（豬血），以及我媽的得意菜譜鹹菜剁豬肉（卜菜肉餅），是我們家差不多兩三週就要做一次的菜餚。

卜菜是我心目中各式炒菜的最佳配角，在我看來這是大菜運用最極致的一款醃漬物，私心以為任何料理加上這一味都無不可，尤其是炒新鮮時蔬，像是春天的蕨苗（過溝菜蕨，臺語過貓）這道菜的食材就是蕨苗、卜菜和薑絲，再多一種配料都不行，一般餐廳要增加適口性會加一顆生雞蛋，我認為千萬不可行，卜菜作為萬用的佐料，除了奶油白醬之外，其他手法有機會都會想嘗試做做看。

客家人的鹹菜乾現今以梅干扣肉聞名，梅干菜並不是客語，客家人做鹹菜乾熥肉也不須倒扣於盤再上桌，卻以梅干扣肉聞名於世。

最富盛名的梅干扣肉，梅干菜客家人說鹹菜乾，這道菜幾乎成了客家餐廳必備（必講）的招牌，鹹菜乾之名反而不顯，其實這個咪緒平日客家人的餐桌也不常看見，這麼麻煩的料理怎麼經得起三餐隨意吃，從製作食材到料理食材，每一個步驟都有陷阱與難關要克服。

鹹菜乾最知名的菜式梅干扣肉，也可以做成肉丸子。

趁好天氣曬起來的完美鹹菜乾難得，火炎山以北的冬天陽光短暫，初春恆常雨絲如牛毛，一顆鹹菜只能趁短暫冬陽曬幾個小時，其間得時時看顧著，此時氣候，看著天晴卻一陣風就落下雨，陰天時風乾更要提防未結捆的菜被吹走，就算結了一拳繩捆，還是得放在竹篩上趁天晴拿出來曬或在屋簷下放著，直到感覺對了才裝罐。

這種憑風土經驗才能得到的食物，只有心情對了或真心想款待的客人，才會願意拿出來煮，因為料理一碗梅干扣肉又是一番工夫。打開繩結用水泡開要花半天的時間甚至更久，菜乾剁碎爆蒜頭香，豬肉要三層肉切片再把油煸出來，一層豬肉一層鹹菜乾入蒸鍋，才會把陽光、風和土氣蒸出來，入味。

風和日麗與天時地利人和，一點都不誇張，這是我對能成就一缸鹹菜最深刻的體會，每次憶起我阿婆想喝口水都要別人送到嘴邊，手不停往瓶子裡擠，以免灌入空氣不紮實會發霉，再小心翼翼地拿到穀倉的角落保存，末了還會三不五時看看溫度濕度陰暗度是否恰當，後來才明白為什麼伙房的倉庫會保存一間泥土地不進化成鋪磁磚，也才懂得發酵的精髓。

每次跟我媽說朋友都說梅干扣肉好好吃，她就會在儲藏室裡找一瓶按照年份排列整齊，用標籤標上時間的紹興酒瓶大小的卜菜，或是在甕裡抓一顆鹹菜乾，有些會有註記，時間不夠、太濕、太乾等備忘錄，大方的說送她一瓶，她太豪邁，反倒是我捨不得拿去做人情。

島嶼冬季風景最美的越不過滿田裡的十字花科、萵苣類等各式蔬菜隨風搖曳，以及各種辛香料植物蔥、蒜和香菜在菜畦邊相襯，割稻過後的水田是屬於婦女的天下，有人說冬天是燉補季節，在我看來是蔬菜的季節，因為有這些翠綠色的風景，才不致於讓寒風中的田野荒蕪，這也是來此安家立命的移民累積的生存之道。

在收冬的稻田裡種植一年份的食物，需要多久的時間才能夠累積如此的智慧？四百年夠不夠？

現今的臺灣人能夠吃到的臺灣原生種蔬菜並不多，除了前面提到的蕨苗、山蘇、破布子或被認為是野菜的龍葵等，蔬菜種植起於荷蘭人自南洋帶來荷蘭豆（碗豆）、番茄和甘藍（高麗菜）開始，才比較豐富，也是臺灣人現代蔬食的基礎，清領之後，根據日治時期學者熊澤三郎在〈臺灣蔬菜的渡來〉統計，有一百五十八種蔬菜引進，像是菜瓜（絲瓜）、韭菜、波菜、蘿蔔和芥菜……等等，今日常用的四季蔬果，其中芥菜被客家人稱作大菜，除了植株最大之外，意寓也最為豐富。

過年吃長年菜有長壽之意，大菜在每一段時光流轉都被賦予不同的意義，《臺灣縣志》（一七一九年陳文達編）有，正月初七是為人日，要吃七種蔬菜煮成的粥，這七種蔬菜是芹菜、菠菜、芥菜、薺菜、蔥、大蒜、蒿菜（茼蒿），這個習俗現今已被遺忘，但是吃蔬菜粥成了雅事，像是有文學意涵的龍葵煮粥是文學家兼革命者楊逵在蟄居東海花園時的飲食。

另外，有正月十三也要吃大菜清腸胃，大概是過兩天就是正月半，十五除了要拜拜，客家人的掃墓時間是正月十六，也必須備三牲、做粄等各式米食祭祖和上山掛紙，在前兩天吃清淡一點，以免不堪負荷。更早之前還有年初二沒有回娘家的女兒，可以在十二回來吃大菜粥，以期一年健康平安。

這些都是包心芥菜，也就是大葉芥菜的典故，現今的臺灣人還有兩種常用的芥菜，像是臺農二號和三號的小芥菜醃雪裡蕻，或個人涮涮鍋必配一片來煮湯頭的榨菜，用莖瘤芥醃漬而成，並成為臺灣麵店和小吃店的常備麵食選項，榨菜肉絲麵。

此地蔬菜最讓人目眩神迷的莫過於醃漬文化，島嶼風土兩大蔬菜醃漬——芥菜和蘿蔔，又以菜乾最富地方特色，菜乾是土地、風與太陽的傑作。

地方經典料理的每道菜都是餐桌日常演變而來的名菜，客家經典料理四炆四炒，在平日簡單做是三餐菜色，節慶宴席用繁複的工序宴客以示誠意，不斷地操作進化而成了經典。這八道菜中有一道鹹菜炆豬肚湯比鹹菜肉片湯來得細工，料理特色在於處理豬肚，豬肚並非日常食材而稀罕，甚而細緻一些做，豬肚塞胡椒蒸熟，再取出用鹹菜小火慢炆，就有了繁複的層次與口感。

鹹菜煮湯取酸味與脆口，也可以換成卜菜能得到回甘效果，鹹菜豬肚湯換成卜菜豬肚湯也能成，但有一道鹹菜鴨湯，用卜菜好呢還是用鹹菜好，是個值得反覆推敲的命題。

鴨肉煠熟（用水煮熟）取出，湯留用，已熟的鴨肉用鹽、醬油、冰糖、八角煮過的醬汁裡外塗抹一遍，放乾鍋烤，烤至焦黃取出片肉，鴨骨放回湯裡加鹹菜或卜菜與薑片炆煮。關火前丟一把七層插（九層塔），香噴噴上桌。

有繁複工序宴席菜的做法，當然就有平常簡單吃的鴨肉酸菜（卜菜）湯，鹹菜煮肉湯是爽口的滋味，卜菜炆湯有了沈澱的口韻。

思考鴨肉湯該用鹹菜還卜菜之前，可以先試試幾道鹹菜煮湯，認識臺灣小吃運用食材的功力。寧夏夜市知名的豬血湯，食材有豬血、酸菜、韭菜與油蔥胡椒粉，一碗湯賣了半世紀，已成為小吃的代表性食物。禽肉類的血客家人說紅，豬紅或鴨紅煮鹹菜（卜菜）湯於一般家庭來看，豬紅比較容易取得，鴨紅比較少，以此為基準，變形就有酸菜小腸湯、酸菜下水湯，酸菜以鄉村家庭的地方菜餚來看是季節性食物，對小吃店和餐廳來說就是招牌菜了。

卜菜吃的雖是時間沈澱出來的厚度，感覺上不會受季節性的限制，其實不然，檢查食物相簿，經常地在七八月份的相簿中看到卜菜㓾豬肉、白飯上一顆紫蘇酸梅，或是大黃瓜鑲菴瓜肉丸子佐小黃瓜沙拉，原來島嶼夏天是少蔬菜的季節，技窮的廚師只好把菜乾醃漬物拿出來做菜，形成了卜菜的季節感。

用鹹水醃漬時稱鹹菜（酸菜），常來來煮肉湯，像是鹹菜鴨湯。

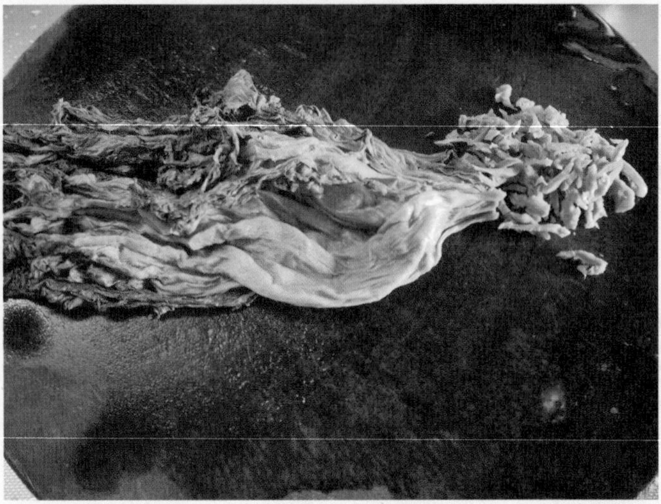

卜菜又稱覆菜，是醃漬後取出曬乾，最具繁複滋味的客家保存食，經常拿來做卜菜肉餅，塞進苦瓜裡一起蒸，是一種鄉愁。

提到大黃瓜鑲肉就不能不說說客家人最自得的經典菜餚苦瓜鑲卜菜肉餅，一道可以經典也可以小食的料理，我家經常性吃卜菜剁豬肉，也就是卜菜肉餅，然一到苦瓜盛產時節，除了苦瓜排骨卜菜湯之外，最常吃苦瓜鑲卜菜肉餅，苦瓜挖空切五六公分高圓筒狀，將卜菜肉餅搓一顆一顆塞進去蒸，苦味因吸收了卜菜肉餅的甘甜肉汁，吃起來口齒生津並且回甘，也就不覺得苦瓜太苦卻得到爽口的果味。

這道客家人的夏日餐桌風景，幸運的話可以在客庄賣關東煮的黑輪甜不辣店遇見，一般關東煮的苦瓜鑲肉，肉餅以豬肉加一點胡蘿蔔與胡椒粉等辛香料做肉丸子，最糟糕的是省工序沒有將豬肉的筋性打出來用粿粉的方式做丸子，經常會吃到一顆苦味仍在並且瓜肉生硬的苦瓜鑲肉。

卜菜是客家日常餐桌的好夥伴，鹹菜就是爽口點心滋味，先別說客家人如何吃鹹甜粄包鹹菜，應該先了解只有臺灣能吃到的酸菜甜甜圈（多拿滋）、咖裡酸菜麵包，雖然這兩款麵包只有在臺灣的傳統或日式麵包店買得到，就算在日本也不容易吃到，或許只有強調臺灣人開的店才能買到酸菜多拿滋。

雖然不能確定這款麵包是從日本時代咖哩穌變形而來，或者是從刈包（kuah-pau，割包）而來，刈包是一個薄片白饅頭對半切不切斷，裡面夾爌肉、鹹菜、撒上花生粉和香菜（芫荽），現在成了外國人認識臺灣美食的第一名食物虎咬豬。

這款小食在日本時代文人黃旺成的日記中也曾多次提到，「虎咬豬」是他請工人吃尾牙時必備的食物，也是他的下午茶點心之一，有時早上吃菜包下午吃虎咬豬，從他的日記我們得知在二十世紀初，臺灣人的尾牙就要吃刈包至今。據了解，雖然福建泉州人也有這種食物，但只有臺灣人賦予它節慶的意義，在尾牙時期許來年生意興隆，大家發財而吃。而尾牙是農曆十二月十六，陽曆大約在一月十五之後，也正是鹹菜（酸菜）出缸的時間。

鹹菜做為點心餡料，幾乎都是麵食類，有一款是只有客家人才知道的吃法，鹹甜粄（年糕）包鹹菜。過年時蒸的鹹甜粄，吃法是切薄片煎軟，放上用辣椒或薑絲蒜頭炒過的鹹菜，捲起來，再翻面煎一下，起鍋，是鹹甜粄最華麗的吃法，也是終日穿梭灶下（廚房）的母親給小孩的酸甜滋味。

之三 海線一百年

海味：如何衝出邊際線

黑豬會：如何安身立命

芋仔番薯：如何落地生根

臺鐵海岸線自竹南站到彰化站，沿途經過後龍、大安、大甲、大肚等幾條主要河流的出海口，無論閩客在平埔族累積的海洋生活經驗，並以此靠海生活，發展出以河洛人吃海鮮、客家人用海味的飲食習慣。

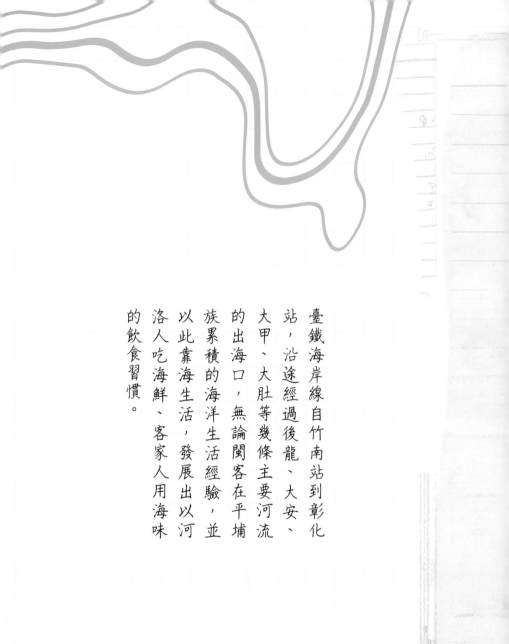

海味
如何衝出邊際線

食海產的人知道去哪買現流仔，海邊的人喝魚湯，山裡的幼兒吃蚵仔乾糜。

上國中之後，開始被長輩使喚幫忙跑腿，印象最深刻的是週日一早想多睡一會都不行，我媽大叫一聲，「去豬肉店把老鼠拿轉來，」雖然不甘願還是騎著腳踏車去拿，當然早起還是有好處，得知家離海這麼近；豬肉店旁家屋的亭仔下，五、六位歐巴桑坐在哪裡，手不停的敲殼、挖開，旁邊堆得像小山一般的蚵殼，錫盆裡是快滿出來的灰灰軟軟的蚵仔。

客語經常假借外來語，老鼠肉我也常聽成螺絲，是日語的外來語ロース（roast），適合燒烤的里肌肉（loin）的意思，有時也說成腰內肉。因此，在客庄跟著閩南人說蚵仔（ô-á，發音似鵝），經常說成芋仔（ō-á，發音似哦），我媽比較不會叫我們去拿蚵仔（*Crassostrea angulata*，葡萄牙牡蠣），因為她總覺得買魚貨只有自己挑過的才能保證鮮。

看起來黏黏的有點噁心的鮮蚵不是小孩子的食物，但蚵仔乾卻是山城幼兒補充蛋白質的來源，在只有克寧奶粉可以選擇的年代，蚵乾煮稀飯是開始吃副食品小孩的點心，經常聽到我阿婆說要去哪一家雜貨店才有賣蚵乾，叫人去買魷魚乾時順道買一些回來，魷魚乾是拜拜要用的三牲之一，客家小炒有了它就有海味咪緒。

魷魚乾是客家人最熟悉的海味，初一十五拜伯公（土地公）的三牲其中一樣用魷魚乾。

大甲西社離港十里，雙寮社離港六里，後社離港三里，竹塹社離港十里，南嵌社離港二十里，澹水社則直臨大海，各有通事，往來郡治。〈蕃俗六考之北路諸羅蕃九〉

後知後覺發現自己住的地方其實離海不遠，到新竹香山溼地約十三公里，比起新竹東門圓環到南寮漁港八公里是遠了一點，但都是現今幾十分鐘車程可以到達的海邊。讓我更驚訝的是頭份土牛庄子裡住的都是河洛人，打破竹南是河洛庄頭份是客庄的偏誤。

日本時代起臺灣人開始臨海教育，對客家人來說，繼海味之後，有了臨海生活，夏日的海水浴場或修學旅行合宿於海邊小屋。

自有閩客之分的認知起，腦袋被植入住海邊的都是閩南人，客家人比較晚來所以要往山裡去才有落腳的地方，忘記每年暑假最期待的黃昏泳浴是到崎頂海水浴場，車開快一點不用二十分鐘就到，頭份土牛社區賣的蚵仔是從香山海邊的蚵場採回來的鮮貨，三十分鐘快遞直達。

經常納悶怎沒在土牛里看過牛，直到讀開發史才豁然開朗，土牛跟牛一點關係都沒有，是一條像牛溝的蕃界，開墾抵達邊界時把土堆得像臥牛一樣，被挖掉的溝渠像牛溝，從鶯歌尖山到臺中潭子，在乾隆年間畫了四次紅、藍、紫、綠的「生番界址」，立石開溝，設置「土牛溝」、「土牛堆」，阻制漢人越界禁墾的護番措施。

不知道是不是島嶼山高地形狹長，山與海的距離太近，大家聊風土喜好，經常問人喜歡海或是山來了解對方，我的答案通常是海，自覺住在山區的人都應該是這麼說的吧，那是山區小孩歡樂的記憶。

蚵嗲的童年記憶跟父愛有關，問在臺中開餐廳的廚師蕭淳元最喜歡的海味，答案是蚵嗲，父親下班時會帶回來的點心，竟跟我的記憶完全吻合，我們雖然都姓蕭，但完全沒有親緣關係，但同樣都是山裡人，他是南投人我是苗栗人，這一款海味卻存在內陸小吃裡，成了山城小孩記憶中最甜美的印記，山中唯有河流鮮味是溪蝦或毛蟹，也是客庄餐廳的招牌菜，而蚵仔是貝類中只能在海岸邊生存的海鮮。

或許這跟蚵嗲的作法有關，臺灣人喜愛油炸食物，用扣仔嗲或是觳仔炱，像鏟子形狀的長柄杓蘸上米漿，放上食材之後，上面再裹上米漿，迅速放進熱油鍋裡面炸熟取出；老練的手藝人通常能在兩三分鐘內一手持長柄杓、一手將食材一一歸整並放入油鍋，過程就像一個流暢完美的魔術表演。

當然，蚵嗲最正宗仍要回到海邊，竹南龍鳳港的觀光區經常有小貨車載著一車韭菜和鮮蚵，有顧客上門才開始炸，想像熱天午後的臺灣西海岸，一邊咬著會燙嘴的蚵嗲一邊在沙灘上跳來跳去，煎熬卻歡暢一路向南到發源地彰化王功海岸，為此，蚵嗲一度躍上二〇〇二年的國宴餐桌。

> 嫁娶曰諳貓麻哈呢。娶婦先以海蛤數升為聘；……蛤大如拇指，殼有青文，生海邊石壁間，盡力採取，日不過數升，甚珍之；及嫁娶時用海蛤一搭紀。〈蕃俗六考之北路諸羅蕃九／婚嫁篇〉

臺鐵海岸線途經數條溪口；中港溪、後龍溪、大安溪、大甲溪與大肚溪，大致與清朝官員黃叔璥在《臺海使槎錄》中〈番俗六考〉紀錄的北路諸羅八與九區域相當，有記錄的平埔族裔，人數較多的有巴宰族、拍瀑拉族、道卡斯族等，住在現今苗栗縣境內以道卡斯族為主。

不知道清朝康熙皇帝選派的首任巡臺御史黃叔璥看到的是不是島嶼西部海岸的環文蛤（*Cyclina sinensis*），道卡斯族的婚嫁聘金是在礫石泥地裡生養的圓形蛤仔，色黃褐有輪脈，殼緣有紫色環，殼內面青白，採集必須把石頭搬開才能挖到。郁永河的《裨海紀遊》有「蕃婦穴耳為五孔，以海螺文貝坎入為飾。」於是我們終於知道了一件事，臺灣人的平埔阿嬤用美麗的貝殼來打扮自己。

蛤因不同的海岸條件而有不同品種，香山到清水沿海市鎮菜市場裡可以買到的野生環文蛤，在地人叫赤嘴仔，大甲溪口尤多，是很多大甲靠海岸採集維生之人主要收入來源。採集維生是人類最古老的謀生方式，仍然是現代漁業重要的經營模式，然而要在海岸邊採集，唯有熟知生態與刻苦勞動才能有所獲，若非代代相傳謀生技巧，在此定居並不容易。

還有一種花蛤，也是中港溪到大甲溪海岸獨有，殼面環文青綠色，好似黎明破曉的鴨蛋青，開口邊緣色淡白，肉質金黃非常美麗，彈牙口感更是難得一見的珍饈。

無論蚵仔或蛤仔都是海島日常三餐經常可吃到的小食，季節性較不明顯的家常菜，至今，傳統菜市場裡，尤其是海岸線幾個重要市場竹南、苑裡、大甲到清水，經常可見攤商到海岸邊採集的成果，這也是臺灣人少數仍然以採集為主的食材。

大肚溪口以北到頭前溪口的海鮮，以及特有的環文蛤。

蟹，螯生毛者；無毛者為蟳。有翠蟹，蔚然深藍，大不盈掌；巨者螯長六、七寸，殼有斑文，呼曰青腳……石蟳，赤色；沙鑽蟹，色黃，遍身有刺，遇人即伏沙底；沙馬蟹，色赤，走甚疾；大腳仙蟹，身小，一螯大，一螯小，色有赤、白；虎獅蟹，遍身紅點；青蚶蟹，青白色，兩螯大；金錢蟹，身扁，赤黑色。〈赤嵌筆談卷三〉

這是另一種採集的豐盛之美，帶有季節性儀式感的旬味，蝦蟹，是時間之詩。

我們家每到秋天就會到後龍幾家海鮮餐廳換著吃，螃蟹（*Brachyura*）上市，自三點蟹和花蟹起是一輪，到石蟳或河蟹又是一輪，除了餐廳應景推出，菜市場一樣任君挑選。天氣轉涼的日子，我媽上菜市場的那一天，當日的零食就是煮蟹腳，感覺上我媽當天都會有一種終於打發你們的輕鬆感，因為小孩子啃蟹腳要花不少時間，吃完一盆蟹腳半天就過去了，也不會吵吵鬧鬧去妨礙她做別的事，不用時時刻刻盯著看。

很久之後我才想到一個問題，菜市場裡把蟹腳卸下來賣，那麼蟹身哪去了？買蟹身的人是怎麼吃的呢？從中港溪口到大肚溪口沿臺六十一線的海產店或海鮮餐廳，每一家都會告訴你他們的招牌是海產粥。

海鮮鍋有了蟹味等級自是不同，一如有蟹膏的散壽司是最豪華的散壽司。從地方菜看一地飲食文化才能看出精髓，蟳蟹料理吃的是地方風土與手藝，雖說精貴之物簡單為美，吃原味是最高原則；然能把螃蟹放進主食裡，唯有臺灣人做得到，臺灣海產餐廳常備的海鮮粥可說是居世界之冠，螃蟹海鮮鍋又是其中佼佼者，臺灣傳統的海鮮粥以大骨熬湯底，最尋常的是加蛤蠣增加鮮味，再放些魚蝦花枝就能口腹飽足，最豪華的用全蟹煮粥，蟹粥是鮮味的極致。

西岸海產店的海鮮粥吃的是香料調和甲殼之味，無論閩客都有蔥酥與蒜酥，分乾炒與油炸，看似簡單各地做法有別，此中差異就是地方風味，島嶼中部海岸線蒜酥蔥酥兼有，講究的分鴨油與蝦油為基底，上桌前舀一匙再抓一把香菜或芹菜，兩者互相交融為最美。

蟹粥難得，較常見的是蟳飯，臺灣人宴席在甜點水果之前，最後一道用米飯增加飽足感，閩式紅蟳米糕、客家油飯，都讓人期待，日治時期稱蟳飯。

招待親友若想簡單料理也可用，好像吃便當一般，可謂簡便大方。一九四二年二戰時期，日本皇軍邀集九位日本畫家到南洋繪戰時風情，下南洋途經臺灣，政商領袖林獻堂招待他們到霧峰萊園，其中一位是大名鼎鼎的藤田嗣治，巴黎畫派的代表性人物，由小田切讓演的《藤田嗣治與乳白色的裸女》就是描述他的傳記電影，一九四二年四月八日《灌園日記》中的蟳飯，應該就是閩南知名的八寶蟳飯。

藤田畫家一行來訪

藤田嗣治、鶴田吾郎、小磯良平、宮本三郎、田村孝之介、寺內萬治郎、中村研一、山口蓬春、清水澄〔登〕之九位畫家受陸海軍之囑託，將往南洋各處繪此回戰爭及風土民情，昨日由宮崎乘飛機來臺中，今朝以泉義夫、吳天賞、李石樵、張星建為導來訪，並遊萊園，因無料理，中食僅有蟳飯及金雞酒而已，二時半往臺中。

蟹有品級之分，湖蟹第一，河蟹次之，臺灣沒有養蟹的傳統，淡水蟹以毛蟹為尊，全臺毛蟹（*Platyeriocheir formosa*）莫過於中港溪，大稻埕慈聖宮前，每到秋風起巷尾就會多個小販，水桶裡旁掛上「頭份毛蟹」，是永和山水庫附近溪流的名物。

傳統抓毛蟹需要毛蟹笱（moˊhaiˋho，笱客語音同吼），是已少見的民間竹編工藝，蟹簍宛如喇叭口寬大、身扁長狀，讓秋天順流而下到海岸邊產卵的蟹被沖進簍子，進得去出不來。

因之，毛蟹成了風土之物，韓國有名物醬油螃蟹，百濟時期發展的皇室貴婦宗家料理，演變至今成了國家料理。而客家人也有醃毛蟹，在苗栗從政的年輕一代陳光軒，勤訪選民就學會做醉螃蟹，鹽酒和蒜頭辣椒醃漬，將蟹洗淨，腹部塞入蒜蓉鹽，放入罐子裡一層蟹一層鹽堆疊，靜置一天，第二天再加紫蘇酒醃滿，經過一週可開封享用；韓國醬油螃蟹有宮廷秘方，客家醉螃蟹是香料風味。

抓毛蟹在一九七〇年代之前，臺灣農地還沒有被違建工廠侵入，仍然是臺灣男人捕抓野味的趣味活動，新竹文人黃旺成八、九月的日記中，經常記下去看人抓蟹，這時代的竹科工程師應該沒想過，經常路過的客雅溪裡就有毛蟹可抓，蛤仔可摸。

客家人較常吃河鮮，野生毛蟹逐漸枯竭，改養殖大閘蟹聞名。終究海鮮蟳味更容易取得。

約方君　前后到姚家　一時半同往客溪　姚以手網於其坡捕魚
二各斤餘　於客溪掬砂蛤並於水底學泳　姚捕毛蟹六、七個　共在
水中三點多鐘　沿溪中行二、三里　天陰　甚愉快　五時過歸　抵
家洗澡、換衣　六時過訪李　她正忙於烹所捕之魚而作羹湯　予亦
幫點忙　榜、姚均來吃　予獨酌月桂冠一小瓶　十時半歸　繼圖晚
六時由桃園整裝歸來，《黃旺成日記》一九三四年八月十九日

> 海翁魚，有言如小山，草木生之，樵者誤登其背，須臾轉徙，不知所之；此無可考。志云：「後壟番社有脊骨一節，高可五、六尺，兩人合抱未滿其圍」。肉粗，不可食。口中噴涎，常自為吞吐；有遺於海邊者，黑色、淺黃色不等，或云即龍涎。番每取之以貿利，真贋亦莫辨也。〈赤崁筆談卷三〉

老師要我們早上五點多就在車站集合，搭早班車去竹南再到海邊牽罟，這是我印象最深的校外教學，

一群國二生拉著六點多回來的舢舨船，希望遇到大方的漁夫，能多分到幾條魚給想要認識漁家生活的學生，早已忘記到底有沒有吃到烤魚，海邊生火，火焰躍動如舞，是我剎那即永恆的初次感動。

那時候還不知道臺灣西海岸可以看到鯨魚（*Cetacea*），當然不知道白海豚會不會轉彎，更不知道《諸羅縣誌》裡有如此誇張海翁魚，也就是鯨魚。一條可能在後龍附近擱淺陣亡後，留下的一節鯨魚脊背骨就有五、六尺長。鯨魚雖然肉粗不可食，但能撿到頂級的龍涎可製香，龍涎香可是皇帝才能用的薰香，撿到了可是奇貨可居，可見自來珍寶都是上天賜予，不用教授就能辨識貴賤，善加利用。

《臺海使槎錄》裡紀錄的大大小小田野調查，這一則堪稱是臺灣奇譚，雖然沒有在西海岸看過鯨魚，但苑裡知名的鯊魚丸到是吃了不少，看過苑裡菜市場裡熟練的手藝，「鯊類不一，龍文鯊、雙髻鯊，志言之矣」，這裡的雙髻鯊（*Sphyrnidae*）就是讓苑裡魚丸聞名的魚種之一。

捕大型魚經常成了與大海搏鬥的傳奇，但一般人能夠吃到小小一條現流仔，剛上岸的鮮魚就會覺得幸福。認識幾位愛吃魚的朋友，說起魚市的行話現流仔，剛上岸的魚，眼睛發亮不掩興奮，聽他們不畏早起等候舢舨船歸來，大豐收時歡快愉悅，錯失時扼腕，這種心情可能問臺灣最愛吃魚，一日不可無魚

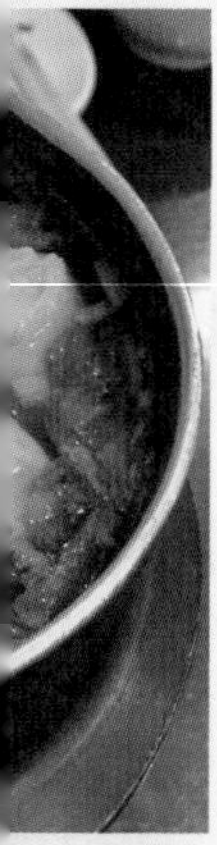

的臺灣畫家張萬傳（一九〇九至二〇〇三年）最懂，他有一幅看起來像赤鯮（*Dentex tumifrons*）的《紅沙》異常美麗，而他最喜歡吃也經常畫的四破魚（*Decapterus maruadsi*），都是舢舨船上經常有的漁獲，島嶼人愛魚如他真是不少。親友中不乏喜愛海釣者，夜晚出海租船釣魚，沒有收穫時就跟舢舨船買一些回家充面子。

舢舨船捕獲的現流各種魚都有，不見得都能叫出名字，但有兩種不太會說錯，一是白帶魚一是鰻魚，白帶魚要出海才能釣到，鰻魚在海邊的沙溝裡就可捉到。白帶魚（*Trichiurus lepturus*）是海魚，但洄游性的鰻魚（*Anguilliformes*）卻是淡水魚，都是體長滑溜很難抓起來的魚種，尤其是鰻魚，英勇力氣又大，於我而言卻都是影像語言。

「以前，人們都說沒有雌性的鰻魚，都是雄性的。雌魚帶著魚卵往南游兩千多公里，和赤道一樣遠的距離，雄性鰻魚尾隨其後，大多數都會死在那裡，小魚苗需要六個月的時間返回日本，大多數都會死在歸途中，大海裡滿是死掉的小魚苗。」今村昌平《鰻魚》

東京四大名物之一鰻魚飯是江戶人的執著，深受影響的臺灣人自日本時代起，吃鰻飯蔚然成風，電影裡每到黃昏時刻就去多摩川等鰻魚的男主角山下（役所廣司主演），不願意用刺刀刺鰻魚，想出了一個抓鰻法寶，把竹筒挖空沈浸水裡，讓鰻躲進去，幸運的話會躲進去兩條魚。

臺灣人很早就會捉鰻養鰻，但不一定是日本鰻（*Anguilla Japonica*）又稱白鰻，完全是因為日本人愛吃才開始注意此物。事實上，臺灣人比較喜歡鄉野傳說中的鱸鰻（*Anguilla Marmorata*）亦即花鰻，或是錢鰻（*Gymnothorax javanicus*），又稱薯鰻。

白鰻和鱸鰻都是鰻鱺目的洄游性魚類，最新的資料顯示，他們都來自地球最深的馬里納海溝，位於太平洋西北方，是太平洋板塊俯衝菲律賓板塊的交界處，從那裡游到西太平洋臺灣海峽南端，確實是經過兩千公里長征才能來到。

錢鰻則否，錢鰻並不是鰻鱺屬（*Anguilla*）的魚種，而是裸胸鯙屬（*Gymnothorax app.*）是臺灣海產店最喜歡拿來向客人炫耀之物，因是野生難以捕撈而價高難求，以全身都是膠質著稱，魚肉口感札實適合久煮，以三杯或燉補煮酒為饕客所愛。

日本人說臺灣是鰻之島，大抵來自於從鰻苗、成鰻、浦燒鰻料理包都能從臺灣進口，東京名物的起點或許是來自臺灣；尤其島嶼溪口捕鰻苗的驚險歷程與刻苦勵志，是每年東北季風南下時，從蘭陽溪口往北再南下到大肚溪口，是每一位討海人都能訴說的艱辛故事。

在馬里納海溝誕生的仔魚（柳葉鰻），順著北赤道洋流奮力向前，六個月後，終於抵達菲律賓加入黑潮嘉年華，往北漂到臺灣海域時，仔魚已生成黑色素，成了漁民口中的鰻線也就是鰻苗，能夠躲過抓捕的鰻線就能在河海交界處停留一段時間，再上溯到河川中上游，魚身漸長，身色轉黃叫黃鰻。母鰻魚若幸運地能熬過四年磨難，經歷河水衝擊，河床泥沙磨練，石洞黑暗無光，再一次轉換體態魚肚成銀灰色，有著閃亮亮細鱗，是謂銀鰻。此時，性腺逐漸成熟，準備返回，能降海的母鰻不再進食，帶著一身卵泅泳回到出生地，將身體所累積的能量一次釋放，讓鰻的命運再次輪迴。

臺灣漁人撈鰻線養鰻，吃白鰻的方式受日本人影響，真正擅長料理的鰻卻是鱸鰻，以藥燉或三杯為佳，喜歡各式飲食的黃旺成去看人抓鰻魚，但在客雅溪看捉鰻，應該是鱸鰻才對：

「整天的行程如下：一、吃餅乾、芭蕉、小米粥，二、去客溪散步（也到土地公廟），三、看捉鰻魚（帶一些螃蟹、蝦子、鰻魚回來），四、下午兩點回到家參加宴會，四、宴會之後要作詩時，主人的哥哥張安先生出現，話題被他引導別的地方去，五、五點過後吃了花生湯、螃蟹，大約六點回去。」—《黃旺成日記》一九一三年九月二十八日現代人少機會看見鱸鰻，看到的比較多是臺灣一代傳奇諧星豬哥亮的告別作《大尾鱸鰻》裡的鱸鰻，臺語流氓的發音 lôo-muâ 同鱸鰻，品鱸鰻就是耍流氓。鱸鰻看作流氓一如孔武有力，難以駕馭兼具傷害性的物種，而能夠捕捉到鱸鰻可以拿來誇口，此物不只能以形補形，豐富的蛋白質與藥燉料理，被視為滋補聖品。

不管哪一種鰻都有一種神祕性，就像治地方文史著稱的作家王詩琅（一九〇八至一九八四）有一篇小說〈百萬富翁周廷部〉，敘述地主想要冬令進補，就跟佃戶詢問有無鱸鰻，佃戶答應把池塘裡養的大鱸鰻以四兩錢賣給他。隔天地主家裡來了一位和尚，得知地主的計畫並規勸他不要這麼做，口頭答應卻捨不得花去的錢，地主仍然接了佃戶送來的鱸鰻。殺魚時血液四濺噴到了夫人，並發現魚肚裡有豆芽麵線，是前一日招待和尚的食物。不久，夫人懷孕了，有鄰人指證，在地主家殺鱸鰻時，有看見和尚跑進家裡，因此，傳說是鱸鰻投胎到地主家。這是很臺灣式的「不凡之子，必異其生」的典故，當然嚴謹的家庭就會以「寵溺之子，定成鱸鰻（流氓）」來告誡小孩。

以河海交界處抓白鰻為界，山林溪流中的是鱸鰻，出海後能撈捕到的則是錢鰻，後兩者都只能野生捕獲，在料理上有一種吃野味的樂趣，豪邁又滿足，非常貼合島嶼風情，不論是田野的還是海邊的都是臺式藥燉，以及薑絲魚湯。

臺灣有一種餐飲店在國外甚少看到，就是以海產店為名的飲食店，可以大到擺上百張桌的餐廳小到三張桌都很擁擠的小吃店，都叫做海產店，不一定開在海邊，六都裡的精華地段也會開上一家，但開在海邊總是能標榜最新鮮，在冰櫃前直接卸貨讓客人看著安心。最新鮮的魚要以白煮來取得旨味，所以就有了薑絲魚湯，從餐廳到家庭廚房一個星期總要吃幾次，雖說一九四九之後臺灣長期為海禁所苦，但把大海當冰箱，吃鮮魚的傳統隱藏在DNA裡。

臺菜甚少烤物，唯一知名的就是烤鰻，捕魚苗的人吃烤白鰻，在山裡等待的人抓鱸鰻燉補；少用火烤食物的臺灣人，少數幾種用火烤的食材都是海味，直火烘鰻魚，以鹽悶烹蝦蟹，最好吃的烤鰻不見得是蒲燒，而是鹽烤白鰻。

黑豬會如何安身立命

苑裡出身的臺灣作曲家郭芝苑提起自己的身世，家族累積三代才能讓後代學音樂。從累積的意涵來看或許可以這麼說，臺灣人養了四百年黑豬才做出滷肉飯，並吃出了豬肉的況味；除了豬毛之外，能夠將整隻豬的每個部位肌理都吞下肚，而且每一道都是美食。

如果說臺灣人的主食是米飯，豬肉就是主菜，即使不是直接吃下一塊豬肉，豬肉也在各種菜餚中出現，在湯裡、在油裡，在青菜的配料裡，以及可以用所有的料理手法整治一隻豬。

一九六八年一塊先炸後滷的帶骨里肌肉出現成為臺灣人的集體記憶，當年臺鐵臺中站推出以鋁製盒裝的排骨便當，讓很多人以為便當就該長這樣，影響後來的自助餐和便當業者，一定有排骨便當這款必備選項；殊不知那也是臺灣人第一次集體大塊吃豬肉，排餐從來就不是臺灣人吃肉的方式，一個可以把豬拆解細分到可以吃「天梯」（上顎）與「管頭」（氣管）的社會，自有更厲害的吃豬肉方式。

根據這塊里肌排的研發人，已經九十幾歲的前臺鐵臺中站餐廳經理林火柴描述的做法是，每一塊肉排約一百二十到三十公克，分切好後敲打鬆軟再以五香粉、酒和糖醃製，放冰箱靜置一段時間取出，炸之前先裹一層薄太白粉油炸，最後用大鍋滷，醬汁是用醬油加一點水為基底，香料有清酒、八角和炸過的蔥、薑與辣椒，滷一段時間即可。

小塊切肉大快朵頤，我懷疑是廚師想要展現功力技法才這麼料理，臺灣人吃肉羹，不獨展現料理技藝，還考驗食者的辨識能力，在裹粉與香料中分辨是不是黑豬肉。

相較於肉排，大約小十分之一像小指一般大小的肉羹才是臺灣人的日常，參加媽祖繞境初到大甲，擔心九天路程跋涉不敢任性亂吃，看見跟臺北寧夏路圓環一樣寫著魚翅肉羹的招牌，能吃到熟悉的食物掌握身體狀況頓時安心不少。後來才知道沿著海線的肉羹搭配各種吃法，讓人眼花到選擇困難症發作，當然最安全的仍然是肉羹加滷肉飯，後來想想肉羹是肉，滷肉飯也是肉，怎麼會肉肉搭配呢？因為在海線不管麵飯米粉全部都加滷肉汁，沒什麼差別。

媽祖繞境從大甲出發最先抵達清水是臺鐵海線大站，一九一九年總督府開始興建臺灣西岸臨海港口是閩粵移民上岸的所在，很多地區有客家聚落與閩南聚落分別，再加上原來西岸的拍瀑拉族和道卡斯族等後來稱的平埔族人融合於此，在飲食上最能體現融合的精神，肉羹湯這道傳統食物就是如此。

可以確定的是肉羹湯是閩南人的食物，並走出了家庭廚房成為可以開店做生意的美食，通常搭配花枝或魷魚製一碗；客家人則有肉丸子湯，可以和鴿蛋或鵪鶉蛋燉一盅作宴席菜，但客庄的小吃店賣的是貢丸湯不是肉丸子湯，雖也能點到肉羹湯，但比較像是用粉加魚漿做成條狀的仿肉羹不是赤肉條，不怎麼吸引人。

住在清水，少小離家老大回善於廚藝的茶師嚴慧玲推薦朋友們吃鴨松擔仔麵的肉羹，她說小時候在市場路口轉角有個賣肉羹的攤子，因為不吃裹太白粉的食物所以很少吃肉羹，唯有這家的肉羹，太白粉薄薄一層不影響口感，經常下課就去吃一碗。出外後只要回清水就會去吃，但消失很長一段時間，搬回清水後特意尋找不遇，直到有一次在市場裡吃到已有店面的鴨松，一陣熟悉感襲來，吃了幾次後問老闆以前是不是在轉角擺攤，才得知那已是上一代的事，至今，鴨松又搬到更大的店面改名傳承，是一間煮了三代人的肉羹湯。

「番曰，汝婦人在家能養雞豕、並能釀酒」，這是黃叔璥紀錄大肚、牛罵、沙轆……北路諸羅，今臺中一帶三首《附番歌》的歌詞，三、四百年前被讚美的清水婦女要會養家畜，更早之前，大甲溪與大安溪之間，河流交錯的清水隆起平原，在此牛罵頭文化有四千多年前以陶鍋煮食的新石器時代遺址，早已為後來人的飲食文化奠定基礎。

想像四千多年前拍瀑拉（*Papora*）族男子帶著獵犬在鰲峰山下叢莽間奔馳捕獵野豬，帶回營地烤炙，燒陶燉煮，視為美味。到十七世紀初的荷蘭人登島時，已經好幾個月沒有吃新鮮食物的船員，看見野豬就能夠歡欣鼓舞，後來佔地為王，允許當地住民以豬隻繳納稅額，經常以豬隻為罰款的數目。

豬是島嶼貴重資產至今猶然，二〇二〇年臺灣豬重返世界舞臺的意義最為明顯，對黑豬情有獨鍾的臺灣人，一開始吃的或許就是黑豬肉，不曾變過。

二〇二〇年武漢肺炎（Covid-19）大流行蔓延全世界，人類惶惶不知所措，臺灣雖然是少數還能抵擋疫情的所在，然而世道艱難不安少樂，唯一確定並讓人得到少許安慰的是臺灣豬被圈了二十三年走過口蹄疫風暴，成為非疫區重返世界舞臺。

穿越時光追尋臺灣人吃黑豬的歷史，可以從六十萬年前島嶼東南亞遷徙而來的野豬追溯起，成為臺灣原生種迷你黑豬的蘭嶼豬（*Sus scrfa.*）其一，雖幾近滅絕卻是臺灣豬保種重要的資源，另一隻特有種臺灣野豬（*Sus scrofa taivanus*），就是都市人到山區尋覓原住民美味的山豬肉，燻烤山豬肉為追求野味者不可錯過一味。

原生種是國家保種貴重資源，也是育種研究的資產，然現代養豬人更重視的是較晚近的桃園豬（*Sus scrofa domestica*，家豬），作為國家級保種種源豬，也是臺灣人最喜歡的黑豬肉母本。

桃園豬是龍潭先民十九世紀末於廣東嘉應州攜回，稱為龍潭陂種或稱為中壢種，一九一〇年起總稱桃園種，是臺灣人以養豬為副業的時代，鄉村人家都熟悉的一頭豬；中等體型毛色深灰至黑，大鼻孔掛在短短的頭上，兩隻大耳會往前甩，肥滿的身形卻凹背，自臉到全身佈滿環狀皺紋，看起來憨厚可親。當然流布所及成為全臺喜愛的黑豬，一定是因為吃起來肉質肌理細緻有水潤感，蛋白質氨基酸的甜味口韻有深度，日常煮湯一定要放幾片豬肉或幾塊排骨的道理所在。

桃園豬眾所矚目的當屬賽豬公，最早從三峽祖師廟開始流傳，成了諸多廟宇的年度盛事，比賽頭等往往要達千斤方可，後為動保團體詬病才改成賽公雞。

賽豬公或殺豬公在臺灣社會有凝聚鄉親族人力量的意涵，很多時候可以得到多少豬肉和能不能吃到豬肉，代表鄉里繁盛與個人能力。臺灣文學作品裡多有描述，像是以靈巧諧趣的筆法寫出童話般傳說的臺灣中生代作家甘耀明短篇小說〈囓鬼〉，一隻豬腿吃了四年，沈浸在滿足與饑餓幻象無限迴圈的情境裡，直到母親終於將腐爛生蛆的豬腿「料理」了，並將剔掉肉的豬腿骨用繩子綁好掛在孩子頸脖上，好像「奶嘴，嘴饞的時候。吮它一口；嘴賤的時候，用它敲腦袋。」文學作品處理了集體意識與精神層次，傳達現實社會的人生。

第一份工作鄰座同事家在南港，父親養豬，那是我第一次知道要富戶才能成為養豬人家，管理豬圈像管理工廠，有一天她拿了一張全家福在桌上擺來擺去喬位置，看她在桌上稿堆中怎麼放都不滿意，問為什麼那麼執著一定要放一張全家福，她說看社長辦公室有一張全家福，覺得一位父親能在的工作場所放全家福，那個家庭一定很幸福，這張全家福本來是拿給爸爸找地方掛，但他爸回她不知道要在掛哪一頭豬比較好，說完整個編輯部樂不可支幫忙找最美的那隻豬。那時我們青春正盛，上個世紀九〇年代末，臺北捷運剛通車不久，臺大社會系的學者觀察，臺北女生不用騎機車比較優雅輕鬆變漂亮了，我卻覺得是因為我們學生時代處在解嚴後的盛世，唸書用父親賺的錢，出社會賺的薪水都用來自助旅行眼界開了。

一九九七年口蹄疫席捲全臺豬隻難有倖免，很多養豬人家一夕將豬隻全毀以免蔓延，同事離職結婚到臺南定居，忘了她家的豬寮是否還存在，直到口蹄疫解禁，我正好在豐年社上班關注農業新聞，才想起這件事。記者會上，同時現身的行政首長和他的內閣閣員家裡都曾養豬，甚至農委會主委家是養豬戶，在那一次風暴中賠了四、五百萬，農業災難受害者的兒子成了農業最高主管機關的首長，怎麼看都是一則成長勵志故事。

二十多年來世事輪過一回，自一九七〇年代引進能迅速增肥育成的白豬育種，至今黑豬佔臺灣人吃的豬肉比例很少，就算把近年頂級市場追求的伊比利豬包含在內，也不超過百分之二十，而黑豬仍然是精品的代名詞，尤其發源地桃園在推廣桃園豬品牌，就更容易有黑豬白豬的比較，就像滷肉用白豬好呢還是黑豬好，好似有些講究的滷肉飯店家會標榜溫體黑豬，每個傳統市場都有一攤在地人才知道的賣黑豬肉攤，有些家庭只吃黑豬肉，跟固定的肉攤買，我媽就只買竹東來的那攤黑豬會社的豬肉。

黑白豬之分在臺灣社會可以熱議，是因為自小就培養了懂得吃好豬肉的味蕾，每個人心中都有一條好吃的豬肉規則，其中共同的標準就是沒有有「莶」（hiam）味——豬騷味。莶以臺語講來傳神的說出了「騷味」、「羶味」的噁心。除此，臺灣人關於吃豬肉的說法雖沒有上百種也有上千種，因為多到無法統計，就像我的外甥，住在屏東的那位只能端肉燥飯給他不能端滷肉飯，住在新竹的只吃豬腳不能是豬蹄，同樣一碗飯說錯名字不吃，一隻豬腳可以細分到有豬腳筋的或沒有，腳的前段還是後段，不吃碰到地上的部位，從名字、部位、做法全都要講究，當然有一些人絕對不吃內臟而有人視內臟為內行人的極品，例如豬肺。

料理豬腳需要更多的技巧，做成甜品的四神湯燉豬腳，是客家人的吃法。

臺灣人在黑白切玻璃櫃前，認識肝連、生腸、天梯、豬肚頭、白胰、豬肺、腰子……不一而足，最終你還是知道得不夠多，必須要肉販才能創造出來的名字，像是水晶肉。

法蘭西第五共和總統戴高樂對法國乳酪有兩百四十六種大為驚訝，義大利文學家卡爾維諾（*Italo Calvino*）在《帕洛馬先生》（*Palomar Srl.*）中提到乳酪，宛如百科全書般的乳酪店裡，依形狀、質地、材料分類，亦如每個臺灣人的腦袋都有被植入一張豬肉全圖，可以馬上判斷這家的滷肉飯是用豬後腿肉做的還是腹脇肉，不用看黑白切的玻璃櫃就能點餐，脆管還是軟管，粉腸還是大腸頭，腰尺還是腰肑，絕對不會弄錯。

而滷肉飯是怎麼開始的呢，或許是工商時代，小吃店為了快速填飽做工的人的肚子，想出來的吃法，在飯上面淋肉汁，兩三下就可以填飽肚子上工。現今滷肉的樣子在《臺日大辭典》有肉醬（bah-chìu^{n}，肉切幼做醬）、肉絨（bah-jîong，肉醬）和肉角（bah-kak，切做四角形的肉），而焄（kûn，煮）豬肉和炕（khong，慢火煮）肉燥等家常菜的做法，或許就是滷肉飯的起點。

滷肉飯代表了臺灣美食。

失去大灶的人們，很難想像曾經每家戶都有豬寮的社會是怎樣一個時代，閹豬公的叫聲能成為文學作品裡的聲音，豬是食物狗是寵物深植人們的集體意識並內化為一種道德；臺灣人從每家戶都在養豬當副業開始，對黑豬自有深刻的認識，成了臺灣人美味起點，從臺鐵海岸線最大港清水的黑豬王堅持養黑豬的故事，或許能清楚的了解臺灣人有多喜愛黑豬。

一度以為清水人不是姓楊就是姓蔡，楊肇嘉家族在政治領域的影響力至今猶存，蔡蓮舫經營有成連家裡的點心意麵都能傳世，以及畫家李澤藩的妻子蔡配是梧棲聯順號和泉春號的所有人蔡謀錦的女兒，也就是李遠哲的外公。畫家在一九二〇年代之後，有很大一部分作品描繪臺灣中部風景，其中鋼筆素描《鴨寮》和水彩《梧棲鴨寮水碓》是港灣的生活地景，素描裡的小鴨和和水彩畫中的水碓是利用海水潮差產生動力取水的方式，也稱作輻車，水碓事實上也成了地名，至今清水仍有水碓巷，是臺中第一個客庄。時空遞嬗，於今的高美濕地，地景成了「豬寮」，而這個豬寮保存了臺灣人對黑豬的熱愛。

清水第一公有市場裡的肉攤黑豬王，是一家三代都在養豬賣豬肉做豬肉食品的王姓家族，豬肉攤老闆王春來是老二，在高美溼地旁的豬寮由老大王文通負責管理，最小的弟弟收廚餘買飼料負責把豬餵飽，第三代集體想辦法把清水黑豬王行銷出去，讓黑豬王成為品牌，成為市場裡的靈魂攤位，清水的地方座標。

高美溼地旁的豬寮像所有現代畜牧業講究的潔淨無垢，進工寮前有消毒墊並踩過消毒水池，穿上隔離衣好似太空人，走過庭園造景的花園能聞到一陣酒香，是裝有豬飼料的酒糟井在腳下方，穿著太空衣進入豬圈的人感覺不到豬寮的髒臭與細菌，人就是這樣，味覺影響記憶，沒有臭味，每一隻豬都像乖寶寶般可愛，跟牠百無聊賴一臉無辜的神情對看。

食物品牌得靠風味建立，黑豬王百分七十靠品種，百分之三十靠飼料，王文通的心法還有一樣是時間，時間是所有事物的魔法師，黑豬被快速的社會取代就是因為熟成時間太長，卻成了堅持黑豬風味的人不願意放棄的理由，心甘情願的秘密。義大利文 Tipico 指某個地方的食物特色，地方風味的獨特價值與 Buono 有關，就是我們說的美味，用時間換取美味口感是王文通的堅持，飼養十二個月成就黑豬王的美名。

卡爾維諾另一部作品《看不見的城市》，忽必烈透過馬可波羅描繪的城市想像世界，透過城市的名字、樹的名字、花的名字，所有事物都有它的名字，我們透過名字的實質意義與抽象概念來了解每一件事，能夠命名的人就像發現新的星球一樣讓人敬服，王春來就是一個能幫豬肉命名的人。

他像個在實驗室解剖的科學家一般在他的冷凍櫃前分割一隻豬，大到一刀砍下小到用薄刀片出筋膜、網油，以及我們才剛要認識的油脂與油脂之間的嫩肉片，並稱它為「水晶肉」，這是在腹脇的地方也就是臺灣人說的三層肉（五花肉），我們從豬皮開始看，接下來是連著豬皮較硬的肥油，堅實的油脂逐漸變軟變薄才會出現瘦肉，就在這兩種不同的油脂之間，有一層大約〇．三到〇．五公分比較白的瘦肉，王春來把這層容易被誤認為油脂的肉片出來。這層肉很容易被肥肉之後出現的離緣肉（lī-iân-bah）（二層肉（lī-iân-bah），臺語說起來真就是離緣肉）混淆，一隻豬只切得出六百公克（一臺斤）上下的水晶肉就在這裡。

臺灣人吃的豬肉在幼豬時閹割，殺豬放血，豬油凝如雪脂潔淨，失去荷爾蒙的豬肉自然沒有薟味，臺灣人根本不知道難吃的豬肉是什麼。

從客家人的四炆四炒到閩南人滷肉飯黑白切，細膩的料理豬的每一種部位，切出三層肉的肌理透明度。

有一個吃豬腦的深刻印象至今不解，在什麼時候，為了什麼，家裡會燉一碗豬腦給阿公和我吃，而我應該是跟著阿公順道吃了，嚐嚐味道卻記住了氣味和軟滑綿密的特殊口感，味道是因為蔘鬚和當歸的藥味太濃重，感受是因為直接滑入喉嚨，好像來不及吞的口水的怪異感至今不忘；直到有一次去臺東旅行，正逢休市經常找不到餐廳吃飯，舟車勞頓又煩惱不知道吃什麼好的時候，在市區有營業的小吃店點了一碗豬腦湯，突然想起來，那是阿公神經衰弱偏頭痛時吃的食物，臺灣人真能以形補形。

從小就知道吃豬腳筋幫助跑步，豬皮豬腳凍對皮膚好，日本人自我鼓勵想增加力氣時來一大碗裝成圓錐形的白米飯，我家每次煮豬肉稀飯時，就代表有人生病胃口不好，用豬肉蛋白質來提振精神比米飯來得快。豬的每一個部位都有相應的料理手法與精髓，整體來看，豬肉從來不是主菜卻如影隨形在每一道菜裡，除了爌肉和後來的炸豬排，而客家四炆四炒很好的說明食豬肉，如何內化了臺灣人的飲食。

客家人宴客要四炆四炒，四炆是炆爌肉、鹹菜炆豬肚、菜頭炆排骨、肥湯炆筍乾，四炒是客家炒肉、薑絲炒大腸、鳳梨木耳炒豬肺、韭菜炒紅旺（鴨血為高，豬血次之）。這八道菜蘊含著一隻豬的各個部位——肉、內髒、骨頭和油脂，以及料理手法——炆是燉和悶，炒是煏、火和技藝。

黑白切蒐集一整隻豬，精研廚藝的大廚自有辦法為之精緻化。

筍乾爌肉是炆爌肉和炆筍乾合成的一道菜。

炆（vun）是小火慢燉的意思，也是悶熟，這四道菜有三道講究湯頭，鹹菜酸甘，菜頭清甜，肥湯濃郁。而炆爌肉是少數臺灣料理中以一大塊肉上桌的食物，用三層肉時稱爌肉，用豬腿時叫封腿，正式宴客通常把爌肉和筍乾一起乘盤上菜，被肉汁浸潤過的筍乾有醬味就有了滋味，因此，炆爌肉要醬油、糖和薑蒜與八角，講究一點把爌肉放乾鍋煏出一點油脂，也讓豬皮更有層次，然而客家人吃爌肉仍然喜好酪酪（log log），也就是幾近糜爛的程度，只要不把皮弄破，炆多久都沒關係直到爛。

這八道菜前面四道有湯汁的菜，鹹菜豬肚吃的是發酵，菜頭就是蘿蔔吃的是時令，肥湯是煠肉的油湯，豬肉或雞、鴨肉是年節或宴席必備的食材，燒一鼎水一樣一樣煠過一遍成了肥湯，再把泡了兩三天泡開的筍乾切好放下去炆，此時大灶下的柴薪只剩下餘火，以上全部都需要以時間累積起來的食材換取地方風味。

做菜後才發現，只有臺菜跟中華料理有炒菜（stir fry）的手法，並且難以學習又考驗手藝，沒有標準流程，火侯大小要自己心領神會，然而以鐵鍋加油大火快炒是臺灣人衷情的熱炒店的最初，換句話說，學會炒家常菜，就有機會開熱炒店。

四炒中的薑絲炒大腸我認為最能展現客家主婦技藝的一道菜，大灶時代的生鐵鍋，可以把鍋子的熱度升到很高，只需要大腸、薑絲和工研醋，大火開一分鐘以內上桌，如何掌握最佳火侯與速度，完全靠不斷的練習與琢磨，心法在日積月累的廚房裡，無法外傳。

四道炒菜都需要有能清理食材、掌握大火，以及爆配料的技巧，這些要靠手感，手感是積累的成就感，其中大腸、豬肺和血旺都需要快炒迅速起鍋才不會過老，失去鮮美。在此之前，處理食材又是一道關卡，誰能把豬肺、大腸處理到最乾淨，誰就是賢慧手巧的人，誰能得到好的肉，取得血旺保存豬紅則需要人情交際。

像是客家炒肉，一般習慣說的客家小炒，配料每家不同，最受歡迎的是加魷魚乾，魷魚乾要泡水發過，再來就是豬肉，誰家跟肉店的關係好誰就能拿到好的三層肉，拿到了還要能把肉煠到剛好不會過熟，才能把肉片切到大小均勻好看，煏的肉不會過老又有口感，煏出的油剛好可以爆香魷魚乾，再加蔥蒜醬油豉香，才能炒出巷口傳香，這是我的高中同學每次來我家討好我媽的說詞。

從祭祀供品發展出來的客家炒肉，以客家小炒之名，廣為流傳。

薑絲炒大腸是客家宴客常用的四炆四炒之一。

這一切都源於伙房，在於有大灶的時代，才能有完美的四炆四炒。看朋友團購客家長豆豆乾，團購的單位是一兩二百元，價格如何不好說，但對吃大鼎熬豆乾湯長大的人來說，一兩豆乾能做什麼，問朋友買這麼一點怎麼煮，頓時明白，現代廚房無法擁有大鍋才會買這麼一點過乾癮。失去傳統生活的所在也會失去美食，豆乾湯要用豬頭骨熬湯來煮才會夠味，豬頭熬完湯取出的肉叫豬頭肉，炒大蒜薑絲是人間珍品，沒有大灶沒有大鼎，沒有可以放得下豬頭的鍋子，無法煮出豆乾的精華，無能把日曬的味道炆出來。因此，現今有些食物必須到專門的小吃店才能吃到，像是滷肉飯、黑白切、米粉湯。

出一道菜需要慢火炆煮指涉的是時間。諺語，在戲棚下站得夠久就是你的，美味亦如是。現今料理工具和食材取得方便，或許日常想食並不困難，但沒有用大灶餘火慢燉出來的食物，總是少了深度。

大灶封（hong）肉莫過於閩南人的大封與小封，跟客家人炆爌肉差不多的做法，大封是豬腿肉，小封多為三層肉，也是少數以豬肉為主的宴客菜，雖然海岸線的閩南人宴客以海產為主，但仍然要上大封與小封以示誠意。在豐年社上班時，擔任《農傳媒》農藝版的主編，邀嚴慧玲開食譜專欄，她在清水高美溼地旁新蓋的大樓裡，以黑豬王的肉品實踐臘肉、滷肉，她的大封食譜讓人歎為觀止，從沒有看過能把一整塊五花肉焦糖化得如此美麗，磚紅色是用糖色煏出來而非醬油滷出的色調，當然，大封與小封要下狠手，誰能夠把大封炸到皮肉分離再滷再泡個五、六小時，誰就是高手。

豬油在沙拉油之前，是臺灣人的主要食用油脂，豬油粕是很多人的美味記憶。

至今，臺灣人的動物脂肪來源仍是豬油，我媽每個月都要跟市場攤商預定四斤豬油來炸，雖然熟巧的肉販都知道臺灣主婦如何處理肉食，因此會先分切好可以快速帶走，而我媽認為，切豬油還是自己來比較恰當，豬油大小跟火侯、油炸時間，以及她孫女喜歡吃的味噌悶豬油粕，都跟切得大小均不均勻有關。

有人喜歡酥酥脆脆的豬油粕，知道吃豬油的美妙，就會有廚師變著花樣吃豬油，誰說豬油只能炒菜用，烤過的麵包可以塗奶油就能塗豬油，嚴慧玲就能從風乾臘肉中得到靈感做出臘味 Lardo。

《雜食者的兩難》（*The Omnivore's Dilemma*）作家麥可．坡倫（*Michael Pollan*）說，「所有的烹飪都像是煉金術，這是指轉變，烹飪就是轉型，而發酵是一種最具魔力，也是最神秘的過程，因為那過程並不需要加熱。」

燉肉最知名仍然爌肉，客家人說封肉。

豬油在沙拉油之前，是臺灣人的主要食用油脂，豬油粕是很多人的美味記憶。

Lardo 是義大利文用豬背脂做的油，知名的 Lardo di Colonnata 以鹽漬，Colonnata 是阿爾卑斯山區一個生產大理石的小鎮，因此 Lardo 又稱白色大理石，確實跟中文裡形容美麗的皮膚，膚如凝脂一樣，義大利人以白色大理石雕刻維納斯，而被臺灣人膩稱蛤仔精姐姐的黃土水《甘露水》，也用白色大理石鐫刻臺灣女孩永恆的青春，一九二一年雕刻家完成臺灣人第一件等身高的大理石雕刻作品，也是第一件女性裸體雕刻創作，姊姊的青春展現在大理石如脂的紋理中。

高美溼地旁一棟一棟新建大樓蓋起來，二十層樓上看著海岸落日吹著臺灣海峽的風高美溼地旁一棟一棟新建大樓蓋起來，二十層樓上看著海岸落日吹著臺灣海峽的風很愜意也很實際，東北季風南下到島嶼中部成了西北風，中港溪流域到大肚溪流域成了全臺最低溫區域，卻是風乾臘肉最好的時節。海岸線的臘味 Lardo 豬背油，用東方式的香料八角、花椒塗抹後熟成脫脂，等待時間完熟，再用食物調理器打成細丁可做成麵包抹醬，烤酥後香氣四溢，也可以拿來做沙拉的澆頭，或拌麵條、烤披薩，甚至炒菜皆宜，也是中式天然培根。

一隻凹下的豬背裡有老人愛的三層肉炆爌肉到豬背油臺式臘味Lardo，臺灣人盡其所能地吃下一隻豬，一點都不浪費。

芋仔番薯
如何落地生根

全臺各處都能種芋和薯。

芋仔跨越印度洋，番薯橫渡太平洋，各自在島嶼落腳後，是展開命運大不同，抑或殊途同歸，同島一命？

最困難的是在冰店或買燒仙草，尤其是買燒仙草時，芋圓或番薯圓都想要，各半都嫌太少吃不夠，最氣人的是遇到四種選項不可重複的店家，家附近的燒仙草店就是這麼規定的，所有配料老闆娘每天手工現作，芋圓、番薯圓和粉粿不能重複選，仔細想想他們共同的答案是芋仔、番薯、番薯粉，芋仔番薯如今都不是便宜的食材，若再吹毛求疵一點，講究品種與產地時，就會成為精貴的食物。

芋仔（*Colocasia esculenta*）一般說芋頭，原生於南亞印度，甘藷（*Ipomoea batatas* (*L.*) *Lam.*）臺灣人習慣說番薯也能寫成蕃薯，大眾語言是地瓜，跟著大航海時代的船隻從南美洲環球而來，從最早紀錄臺灣的明朝人陳第（一五四一至一六一七年）《東番記》描述西拉雅族人的飲食，「蔬有蔥、有薑、有番薯、有蹲鴟（大芋頭），無他菜」得知，兩種植物在十六世紀就已經是臺灣人的食物，但從人類遷徙的歷史來看，芋仔應該是在六千多年前就跟著南島語族遷徙來到島嶼，番薯遲至一四九三年哥倫布發現新大陸之後才到來。

兩種作物的澱粉值與基本營養素相差不離，都是早期人類補充米糧不足的食物，清朝官員六十七在一七四四年到一七四七年擔任監察御史巡視臺灣，繪有《采風圖》，其中一張〈種芋〉可以看到原住民在旱地耕作的情形，並記下出門遠行會帶著芋乾當作糧食，一七一六年周鍾瑄編《諸羅縣志》中也記載，「蹲鴟沃野，世濟陽九。」蹲鴟就是芋頭，在肥沃的田野中種芋，是糧食匱乏時的物資。番薯就更不用說了，至少在一九七〇年代以前，臺灣人還在恢復戰後瘡痍，補充不足的米糧都以番薯代替，至今，仍然可以聽到吃番薯簽的故事，番薯飯、番薯簽、薯米幾個名詞，幾乎是寫實作品和新聞，以及文學、傳記或回憶錄的重要段落。

現代臺灣人的大哉問，芋仔番薯倒底是什麼？真的以兩種不同科的植物育種成功？

芋仔是天南星科，番薯在旋花科之下，兩樣相結合，困難度似乎太高了一點；當然大家愛隱喻，芋仔是外省人，番薯指涉臺灣，兩者結合的下一代稱芋仔番薯。

菜市場上有人信誓旦旦把紫心番薯當作結合兩種作物優點的新物產來推銷，真純屬訛詐，紫心薯雖有芋頭的紫紋，但仍然是甘藷的一種，從營養價值來看，兩種食物各有特質，也不必非得基因交換不可，討論臺灣人如何善用諧音隱喻還比較有趣一點。

日本時代教科書上描述島嶼像一顆番薯，臺灣人就成了番薯仔，一九四九年從中國來了大批的外來人口，聽說從軍中傳出來，臺灣人既然自稱番薯仔，對於諺語「不識一箍（tsit-khoo，一個之意）芋仔番薯」之人，就是芋仔了，至於常聽到被稱作老芋仔的外省士官長，初來乍到或許真的不了解臺灣社會深淺，欣然接受。

從早期文字或繪畫紀錄看，陳第、西班牙士兵、荷蘭探險者的《熱蘭遮城日誌》、鄭成功部隊到清朝官員，來到島上看見芋與薯，莫不欣喜莫名，剛從船上下來就能跟原住民換到新鮮食物，能充飢又美味；到處佔領殺伐的士兵可以隨時補充糧食繼續打仗；新來的殖民者從豐富的作物得到了肥沃的土地知道有糧可以徵收。荷蘭人司徒洛（*J J Struys*）在一六五〇年來到臺灣，他的遊記中有一段描述太陽王管轄之地（*the Jurisdiction of the King of Middag*）的豐饒，這是指現今臺灣中部大肚山周圍，南起大肚溪北到大甲溪流域的番社種有繁茂的作物，包含米、小麥、芋、薯、薑……等。

在重新認識臺灣歷史與地理環境的浪潮中，經常會提到這一段時期的大肚王國，雖然不夠精準但仍能得知島嶼中部曾經存在高度治理的部族，到了黃叔璥的〈番俗六考〉裡，紀錄了十六個諸羅番社，諸羅番社就是現在的大肚臺地到西海岸往北到竹塹的桃竹苗區。

「過半線，往大肚，則東北行矣。大肚山形，遠望如百雉高城。昔有番長名大眉。志謂：每歲東作，眾番爭致大眉射獵，於箭所及地，禾稼大熟，鹿豕無敢損折者；箭所不及，輒被蹂躪，不亦枯死。其子斗肉、女阿巴里、婿大柳望，各社仍然敬禮，獲鹿必先貽之。」

這一段就是黃叔璥引用周鍾瑄編纂的《諸羅縣誌》記下大肚番王（*Quataong*）的故事，大眉番長就是拍瀑拉語的甘仔轄（*Camachat*）為歷代大肚王的姓氏，大肚王的守備範圍，大約以雪山山脈發源的幾條河流，交錯縱橫的流域裡，在富饒的丘陵平原上，帶領部族發展，開拓生存空間，造就了現在統稱為平埔族人的一段富足歲月。

事實上，臺灣中部以北的臺地都是紅土質土壤，大肚山臺地甚至以鐵質含量高的紅土地形景觀聞名，雖然透氣排水性佳，但土壤有機質不高，植栽困難，唯獨番薯容易生長能在此繁殖。另一方面，流域下游平原有河川帶來的黑沙沖積地，豐富的有機質跟水源成了全臺最大芋頭產區，大甲芋因此聞名。

有趣的是臺灣知名的芋頭都以產區地名來命名，大甲芋和甲仙芋遠近知名，然而大甲芋更勝一籌，有一次去屏東旅行，飯後甜品標榜是大甲芋頭冰其淋，老闆娘誠實相告是甲仙芋頭，但大甲芋更吸引人，菜單上寫大甲芋感覺比較厲害。

臺灣民主運動場合經常以諺語「千年根，萬年藤，番薯毋驚落土爛，只求枝葉代代湠。」來勉勵後進努力不懈，湠是蔓延擴散，有湠漫之詞泛指流傳廣布，這個俗諺倒是點出了番薯是容易生長的植物，全臺蔓延無分大小。就有朋友笑說想買一塊地來耕，但自己只能種撒下種籽就會自動長成的作物，想來想去只有番薯最適合。

相對的芋就是困難種植的作物，芋仔有旱地和水地耕作，水耕芋比較受歡迎在於更鬆軟，大甲芋農有一種形容芋仔難照顧的說法，怕旱、怕水也怕風，意思是種植期間要有豐沛的水，但接近成熟時不能泡在水裡要能把田裡的水流乾之地，在風頭水尾的流域出海口容易有風災，要適時把過高的梗葉修短，最重要的是肥沃的土地莖塊才會大又美。大甲地處大安溪以南，流域帶來肥沃黑土是傳統水稻種植區，大甲芋適合輪作，兩者相得益彰。

兩種看來相似卻又完全不同的作物，以食物或臺灣人運用這兩種食材的方式來看，也不盡相同。芋仔與人結緣敬鬼神，番薯讓人消飢續命，前者承平歡愉，後者免於糧荒飢餓。

黃叔璥在〈赤崁筆談〉中有「七夕呼為巧節……黃豆煮熟洋糖拌裹及龍眼、芋頭相贈貽，名曰結緣」

七夕風俗各地有異，較為人熟知的是吃麻油雞和油飯，有油飯上鋪一層芋頭絲的做法。林生祥樂團的〈芋頭粄〉不但將客家人煱配頭寫得傳神，歌詞中更點出此物為七月半中元節祭祖敬天之物。

番薯作為補充糧食，不論在歷史紀錄或是文學作品裡，都表露了悲情的一面，往往為政治社會隱喻所用，日本時代農民組合成員簡吉（一九〇三至一九五一年）的獄中日記中常有飲食記錄，早午餐吃了什麼，多次入獄還能比較各處監獄的飲食差異，戰後因參與臺共活動為白色恐怖受難犧牲者。

他在一九三〇年三月二日的日記，非常值得參考，紀錄了那個時代的飲食與臺灣人可以得到的的食物，並仔細的描述獄中飲食，像是在米飯中加番薯的比例，食材的品質等都有記錄。最重要的是我們從他的行文中得知，番薯是糧食，芋頭是蔬菜，至少當時的人是這麼看的，至今猶然。

飯在臺北分成大中小三種量，小的為大的二分之一，中的約為大的三分之二，大的裡面加進與臺中大約相同的番薯，中的裡面則比那裡少，小的則幾乎沒有加進番薯。……臺中供應的量比臺北小量還小、加進很多番薯，三餐都是如此。

菜的方面，臺北是兩種到四種蔬菜的混合，脂肪放到能看得見的程度。蔬菜有白菜、白蘿蔔、芋頭、南瓜、捲心菜、蔥、胡蘿蔔、牛蒡、山東白菜、葉菜等，白嫩部分也在內，三餐使用不同的蔬菜，……晚餐在星期三、六和星期日時，供應與當天午餐相同的好菜。也就是拿出最好的南瓜、芋頭、捲心菜和脂肪很多的菜，其他日子則供應特別的醃菜。

事實上，臺灣人很早就開始將番薯和米一起煮解決糧食問題，第一次記錄是一六八五年蔣毓英所編纂的《臺灣府志》記下番薯當作半年糧來使用，亦即將番薯和米一起用，可以多存半年的米糧，另外在耕作上有糊仔番薯的說法，就是在第二期水稻株間種番薯。像是一九四一年二月十六日的《灌園先生日記》，「與佃人均分之薯有數千斤，金荃言有人欲買，請賣之。內子將許之，余謂二合五勺之配給米減去二割，因是食糧缺欠甚多，非以番薯代用不可，命其作薯籤，庶免腐壞而易於貯藏。」想必大日本帝國開啟戰端造成的物資短缺，很讓當時的政商頭人林獻堂傷腦筋。

再習以為常普通不過的事物，久了也會打磨出光澤，透入肌理；番薯粉作出了肉圓，有了芋泥餡的肉餅就有了內裡，番薯是養生食品，芋泥鴨是經典料理，歲月更迭，落地之後，每一代人都能長出自己的根。

若要說最受歡迎的臺灣小吃，前五名一定有肉圓和蚵仔煎，肉圓全臺各地不同，各有因地創造的餡料隨人所愛，蚵仔煎的醬料也經常被拿來討論各家手法優劣，但他們有個共同點，食物的基底粉料才是判斷能不能勝出的關鍵，沒有好的番薯粉，不能把外皮做到軟質卻有勁道的肉圓，吃起來就缺乏咬勁，或不能吃到帶點酥脆依然軟滑的粉漿，蚵仔煎咬起來就沒有存在感，這些或許是在某個下雨的午後，不能到菜園工作的臺灣婦女，在做番薯圓的變化中琢磨出來的小食。

「今天是農曆六月十五日，做番薯圓。」黃旺成在一九一四年八月六日記下的隻言片語，終於讓近十年來推動吃半年圓的社區活動有了依據，臺灣人確實有做半年的習俗，這是指在農曆的六月十五日以搓番薯圓湯圓來拜神祭祖，感謝半年來的平安，祈求下半年順利，吃番薯湯圓取其圓滿平安。

臺灣人喜歡吃粉類煎或炸的食物，做菜也有勾芡的習慣，早期除了以葛鬱金（*Maranta arundinacea*）搓出太白粉，就是用番薯打出番薯粉，如今要買到以這兩種作物不混摻的粉並不容易，太白粉勾芡、番薯粉煎蔬菜做炸物，都是很受歡迎的料理方式。

相較於番薯日常，芋仔就比較多經典菜餚，在說經典之前，芋仔甚至是某些飲食必備的食材，像是曾經爭論過一陣子的吃火鍋一定要有炸芋頭，才叫做吃火鍋，芋頭排骨湯本來就是臺灣人上得了檯面的一道菜。

番薯是粉芋仔就是泥，芋泥蛋糕和芋泥蛋黃酥是甜點，芋粄或芋泥羹可以加一點油蔥當作鹹派，最經典是芋泥鴨，然而所有的一切都沒有芋圓來得老少鹹宜，鹹的甜的或冷的熱的，加燒仙草或冰豆花，任君選擇。

芋做的鹹食也頗受歡迎。

薯做的甜食引人遐思。

芋仔圓是很妙的食物，如果你懂如何做芋圓就會知道；芋頭切丁，蒸熟壓成泥，加入番薯粉用力仌一揉成一團，再捏一顆一顆拇指大小搓圓或整方，在燒滾的熱水鍋沸騰之際，迅速倒下去攪拌避免黏到一起，再一次沸騰再加一些冷水、再沸騰再加一些冷水，如此三次，撈起來沖冷水避免黏到一起，加燒仙草、豆花或黑糖漿，隨意。

焦桐有一首詩〈福地洞天〉，「芋泥和地瓜粉必須消弭／個別差異，才能／我泥中有你，／你粉中有我，我們／在高溫中相親相愛」這是詩的前半段，寫實的描述芋圓是怎麼完成獨立的個體，而這首詩要講的事實上是為什麼有一種臺灣人被稱為芋仔番薯，他們是如何誕生的，「融傷痕為笑貌，融合／悲欣交集的滋味」。

這些跟著軍隊上岸的軍人，有些是志願軍、有些被抓伕來到異地，終於發現自己再也回不去了，只好落地生活，跟本地的女子結婚生子，雖然飄零異鄉，但終歸有了後代，落地生根。

然後我們有了集體記憶；芋香和薯味。

夏日午後，草湖芋仔冰似遠又近的放送聲傳來，聽到聲音就好像聞到芋香，然而每次打開門就正好看見小發財車駛離的車影，芋香飄走，所以一次也沒吃過這冰的滋味，倒是每到冰果店吃剉冰，買冰棒和叭噗或冰淇淋，全部都要芋泥口味，只因為芋香纏繞，臺灣人愛芋香，連米都要強調是芋香米，臺農七十一號益全香米和桃園三號米，都強調是芋香米。

芋圓與番薯圓的食材與做法。

旅行到威尼斯，在聖馬可教堂附近買冰淇淋，選了好一陣子覺得哪裡怪怪的才突然想起，沒有芋頭口味，這個在臺灣甜品中必備的口味，不像香草、草莓、可可一般橫行全世界成了普世味道，好像只有臺灣人懂什麼叫芋泥控；粉粉的有點黏嘴的口感，一陣芋香，連國際大品牌哈根達斯都免不了要推出芋泥冰淇淋，而有哪家甜點店沒有芋泥蛋糕可以選呢，就算只有三種口味可以選的路邊攤車輪餅，一定是紅豆、綠豆搭芋泥，而愈是走高貴經典路線的甜點店愈要強調大甲芋。

小時候同情草湖芋仔冰的發財車遠從南部來賣冰，以為草湖在彰化還是雲林，後來才知道草湖其實不遠就在臺中大里而已，並且草湖芋仔冰是一個專有名詞，大里草湖宛如一個冰城，有第一大、第二大、第三大冰店，還有芋仔冰創始店，正宗店，臺三線上不知道有多少芋仔冰店，這裡的冰店有大甲芋支撐，比起大甲當地的芋泥鴨、芋泥米粉流傳更遠，臺灣人第一賣冰第二當醫生，大里人顯然比大甲人更懂。

大甲芋種植最廣的品種是檳榔心芋，芋的品種自有紀錄以來就達十多種，到清領時期《諸羅縣誌》和《淡水廳誌》已多達十五種以上的紀錄，唯檳榔芋一直被認為大又美，口感氣味最受歡迎；其他像秫米芋、傀儡芋、糯米芋、狗蹄芋、竹節芋，不是太軟太黏就是色白不美。

或云，薯長而色白者是舊種，圓而黃赤者得自文來國，未知孰是。餘見有大可尺圍，形似南瓜者，土人亦不經見也。

芋有二種：紅者呼為為檳榔紅，白次之。熟較內地亦蚤，六月初旬即可食。多食滯氣，不似內地滑潤。南路番子芋，一名糯米芋，有重十餘筋者，味佳。〈赤嵌筆談〉

相較於臺灣人只愛檳榔芋，番薯各有所好，在看起來皮是米黃肉白色的臺農五十七號，皮色深偏紅果肉黃色的臺農六十六號，到暱稱為芋仔番薯紫色的臺農七十三號，自日本時代編的臺農一號起，至今最新的號碼是臺農七十四號，是準備成為臺灣甘薯擴展海外市場的秘密武器。

這全都原由番薯在臺灣的身世，從大航海時代起就是可以填飽肚子的主要食物，到成為能製酒、製作澱粉、製成飼料的主要材料，每一代人都有更新使用番薯的方式，至今成了最佳養生食物，幾乎是超級食物的等級，養生名號不脛而走，甚至番薯葉從豬菜變成打精力湯不可缺的基本食材。

然而對我來說，番薯最讓人念念不忘的是每年中秋前後才能吃到的番薯餅，客家人的月光餅，在月餅主流變成酥餅之後，傳統餅皮薄而酥脆，內餡只有單純的番薯泥的月餅並不多見，簡單清爽的月光餅，是月餅的異數，而被認為是海線閩南庄的後龍卻有百年番薯餅店。

浪漫臺三線上的客家人稱中秋節為月光節，吃番薯餅和芋仔餅，月餅就稱做月光餅。

芋仔番薯，事實上芋仔在島嶼落地比番薯早，在品種上已能說是原生種，反而是番薯代代育種一百年，經常搜羅世界各地的品種來栽培，像是最新的外紅內黃臺農七十四號，是以臺灣人喜愛的日本甘藷金時薯，與它相同品系的高系十四號為親本育成的最新品種，臺灣人喜愛的番薯全都是外來種落地生根，品系繁多富含時代特質，只要育種成功就能被稱為臺灣種植。

後記

九宮格便當與生態國宴

在《料理風土》進入後製階段時，和空間設計師范赫鑠合作了一個飲食提案，將題目命名為〈臨暗・火燒雲與鼻香〉。這個概念可以發展出「九宮格便當」與「生態國宴」，一個可以實際執行的企劃案，放在這裡當作後記，留下紀錄。

《浪漫臺三線》北起桃園市平鎮區，南迄臺中市新社鄉，全長一百五十多公里，經過桃園市、新竹縣、苗栗縣、臺中市，共計十七個鄉鎮。全線依雪山山脈山西緣而行，客家移民大部分自頭前溪到大安溪口上岸，尤其是後龍溪口和中港溪口上岸後往山區逐漸拓殖，在流域和丘陵地帶開枝散葉。

客家人在此落地三百多年來，發展出依地理環境與族群特質相映的風土條件，也因此有了自己的風物，在人文上，十九世紀移民傳承到第三代起，累積知識藝文底蘊，培養出的文學家、畫家在此描繪地理風景與情感慰藉，以文學深度和繪畫高度，讓世人對此地的風土人情與心靈世界有所認識。

客籍作家往往一出手就卷帙浩繁，以大河小說長篇經典傳世，像是龍潭鍾肇政的《濁流三部曲》，新埔吳濁流的漢詩與戰後三部長篇小說，北埔龍瑛宗自傳性質的小說人物杜南遠，大湖李喬的《寒夜三部曲》，新埔詩人杜潘芳格，大溪畫家呂鐵州的作品中多有此地風景，年輕一代的作家甘耀明在《喪禮的故事》及其散篇中的獅潭，也以奇幻寫實的筆法描繪地景風土傳達客家傳統與精神。

從這些作品裡我們得以進入浪漫臺三線上的景物與鄉村生活，若用日本人的「風物詩」（ふうぶつし），亦即體現四季風情的事物來看待，夏日的顏色是火燒雲，聲音是風時水與拈囊蜆仔打草蜢（蜻蜓振翅），鼻香（聞香、吸嗅）在庭園是玉蘭含笑茉莉到野地裡的野薑月桃，以及夏日个粄，客家米食中的夏日風情，展現了客家人運用傳統米，亦即在來米的功力，水粄仔、米篩目、焿粄。

人們抒發情感借用「寄語」（きご），意指思想情感與季節事物結合的描繪方式，二為一、一是二的寓意，因此，從「風物寄語」出發，呈現出客家飲食風情。

依山維生靠水滋潤的生活環境，午後三四點勞作間歇，晚霞漸起的瞬間是歡愉的時刻，沒有人能比過龍瑛宗自傳性質的小說《夜流》的破題，這是臺三線永恆經典：「一九一〇年代初的一個黃昏，日本殖民地臺灣北部一個寒酸的村落，晚霞紅通通而華美。橘色的鱗雲映著夕暉明亮著，但因夕陽的轉移，不知何時變成茜色，一會兒又成為鼠灰色了。在村道的木麻黃上，土磚的矮瓦屋上，夕暮厚重地粘著。」

或許客家人只是為了氣象萬千的場景而駐足，累積了落地生根而獨有的臺灣客家人的飲食文化。

自日本時代起，「臺灣料裡」之名確立，在說臺灣料理時指涉的是高端精緻料理，但大部分人的理解會是閩粵料理，從臺南或大稻埕發展出來閩粵料理定位了臺灣料理，那麼客家菜呢？客家菜就只能是地方料理嗎？不能冠上臺灣之名嗎？或許把客家菜用法式料理的手法提升到高端料理之前，客家人應該展現客家菜的精緻料理特質，找回主體性，別誤用他者的語言來定調自己，先把客家菜納入臺灣料理之中。

例如，臺灣料理中的八寶飯，一九二三年裕仁皇太子（昭和天皇）行啟臺灣最喜歡的一道菜是八寶飯，在蒸過的糯米中放入蓮子、銀杏、冬瓜、乾柿、花生、砂糖、肥豬肉等七種素材調製而成，被認為是精緻的臺灣料理，是河洛（閩南）人吃的食物，事實上，客家人也做八寶飯，並以桂圓糯米蒸飯為主再加上其他配料，桂圓是牛眼（龍眼）乾，客家人喜歡用「桂」，對桂圓、桂花蜜、桂味荔枝的運用更有獨到之處。

飲食精緻化的過程中，大部分的地方料理選擇取法法式料理，日本人最為極端，自明治維新之後，乾脆明文規定國宴以法式料理為主，直到令和才逐漸恢復國宴裡的和食，客家菜在進化的過程中也採取法式料理的手法與形式，但只有風土食材沒有客家手法的精緻料理，終究不是客家菜。

像是客家炒肉以客家小炒之名轟轟烈烈被端出來，成為各方大廚演繹的菜餚，但從牲禮為基礎演繹的手法仍然不會變，也意味者客家人如何在有限的資源裡精進技藝的精神不會變。理解風土條件就能理解料理中的食材意涵，包含主食、蔬果、禽肉類和香料，尤其香料的運用是識別族群與地方料理的方式之一。

客家飲食中，因風土條件而獨有食材或許不多，但因為氣候環境條件，特別適合某些作物生長，因此發展出來的獨特飲食卻不少，像是用稻草燒的草木灰製作鹼水，製作出客家粄粽（鹼粽）、粄粄和燒仙草，這種獨特技法不止應該保存，更有必要透過統一的命名將傳統延續下去——客家鹼、客家桔醬或客家鹹菜乾而不是梅干菜。

食物是鄉愁，鄉愁是被味覺和嗅覺記住的渴望，因為嗅覺就是記憶，鼻子早於眼睛理解一切，在我們還不理解為什麼想喝豆乾湯的時候，豆乾被太陽烙印的味道早就告訴我們了。

這也是主題設定為「臨暗・火燒雲與鼻香」的原因，臨暗灶下升起的煙火是呼喚飢餓的信號，那時讓人目眩神迷的火燒雲讓人捨不得閉眼，因為黑暗很快會來臨，只剩下氣味繚繞成了印記。

九宮格便當與生態國宴

Covid-19 大流行以來，影響餐飲業甚巨，以至於高端飲食都賣起便當來，高級便當發展運用歐陽詢推廣書法用的九宮格，三乘三可以放九道菜的格式，意外地符合了和食會席料理的形制，令和第一場國宴從法式料理回歸到日式料理，這也是自明治維新以來的饗宴之儀，第一次使用和食。和食的料理手法除了沒有客家料理的炒菜之外，蒸、炸、煮和涼菜漬物都是客家人喜歡的手法，其中煮物與客家人說的炆或燜接近，只有在香料或時間的運用上有一點差異。

因此，九宮格便當雖說有考量到便當菜容器的使用，除了湯品之外，其餘食物裝盒還算妥善。小英總統第二任就職典禮正逢大疫當前，取消了正式國宴，曾經考慮用便當取代國宴，然而疫情嚴峻，連便當都無法製作。

但便當的精緻化使用，已為大眾接受選項，客家菜在料理上也應該跟上時代，思考如何改變手法，將湯湯水水轉化符合可以外帶的飲食。

生態國宴是在氣候變遷的議題中提出來的概念，臺灣廚師有意識的發展生態廚房，強調在地得時，尤其是使用在地食材，是國際慢食最為核心的概念，客家菜本來就是從地方發展出來的菜餚，符合風土條件才能產出品質精良的食材，而在浪漫臺三線的風土條件下生產的作物，有幾種食材，像是膨風茶、桂竹筍、南庄橙、毛蟹等等，本就是島嶼珍貴的風土食材。

在這兩個條件下，再加上運用《料理風土》的九種食材，以此擬定的菜單，祈能將概念與實作一同體現，呈現客家飲食新時代的風貌。最後，若能將客家保存食物的思考——醃、醬、曬食材的功夫呈現出來，就有機會真正理解客家菜的核心。

推薦菜單如下：

前菜：涼拌彩椒紫蘇梅、水煮茄子佐芝麻熏魚、糟嫲肉（紅糟豬與鴨）佐雷干絲與橘皮醬

烤物：烤綠竹筍與花枝佐味噌馬告醬和烤季節蔬菜

蒸盤：苦瓜鑲卜菜肉餅與黃瓜鑲有素火腿麵筋的菴瓜豆皮

炸物：七層塔炸中港溪蝦與焨菜

炒菜：客家炒肉與炒韭菜花魷魚乾

主食：桃園三號米什錦飯炒香菇蘿蔔乾

湯品：炆仙草雞湯與筍尖炆大骨湯

果物：甘露梨與哈密瓜培根

甜點：粄粄與米篩目佐烏糖薑汁和月光餅

飲料：北埔膨風茶與龍潭龍泉茶

前菜：涼拌彩椒紫蘇梅、水煮茄子佐芝麻熏魚、糟嫲肉（豬和鴨）佐雷干絲與橘皮醬

石門水庫的河鮮是少數臺灣人能吃到的乾淨淡水魚，其周邊的農場是桃園、新北人的後花園，廣栽新鮮蔬果。水庫位於桃園復興、大溪、龍潭和新竹關西交界，攔截發源自雪山山脈的大漢溪水，曾經是遠東最大的水庫，更是十九世紀臺灣國際貿易的起點，大漢溪原名大嵙崁溪，自大溪起進入平原往東北入海。

三道涼菜傳達客家人日常的飲食，客家人的海味通常以乾貨入菜，像是客家小炒的魷魚乾。但此地並不是沒有新鮮的魚可以用，臺地上築埤塘一來是儲存灌溉，也兼作養魚之用，也是河鮮。

烤物：烤綠竹筍與花枝佐味噌馬告醬和烤季節蔬菜

內山公路沿線的精緻農業，在蔬果植栽上有很好的有機示範農場，綠竹筍、蘆筍、玉米筍

都有，而以關西的番茄最為知名，烤番茄或番茄乾料理在做沙拉的食材上很受歡迎。

新竹科學園區擴散的幾個鄉鎮，帶來了大量的外來人口以及年輕人，他們在客家村落生活在此地注入新興的活力，客家菜中幾乎看不見燒烤，只有烤番薯的經驗，然而年輕人喜愛烤物與烤肉活動，以日常熟悉的時蔬來擴張料理手法，是很好的方式。

蒸盤：苦瓜鑲卜菜肉餅與黃瓜鑲有素火腿麵筋的菴瓜豆皮

卜菜肉餅客家人說「鹹菜剁豬肉」，瓜子肉是刺瓜醃漬做成的肉餅，刺瓜就是客家人說的菴瓜，家庭菜園中專門種來醃豆醬或鹽醃的醬菜，這兩道蒸肉是很多客家小孩的便當菜，大部分客家人的鄉愁，也是最傳統的家常菜，透過宴席精緻化，不失為能端上檯面的客家料理。

這兩道菜精緻化的過程要能選擇食材與精進手法，竹東市場的黑豬肉，公館農會的客家漬物，峨眉白玉苦瓜，大湖的黃瓜都是很好的選擇。

炸物：七層塔炸中港溪蝦與㶸菜

臺灣人熱愛的鹹酥雞與炸物，於客家人而言也是生活中的歡樂泉源，並有節慶的傳統意義，客家人的七層塔就是九層塔，也是客家人代表性的香料。以發源於加里山的兩條河流，中港溪和後龍溪都曾經是河鮮豐富的流域，這裡的客家人有吃河鮮的習慣，毛蟹、溪蝦、大小蛤類，甚至有泥鰍、鱸鰻、河鰻等等。

至於㶸菜更是客家人展現耕作技術與料理技藝的極致，所有的時蔬都能拿來炸，南瓜、地瓜、芋頭、香菜、菌菇，像是新社的菌菇炸起來一定華麗。

炒菜：客家炒肉與炒韭菜花魷魚乾

客家炒肉就是一般人說的客家小炒，用祭祀過的豬肉、魷魚乾、腐皮（豆乾）來做，因為祭祀的肉要先煠過很難料理，而發展出來的手法。其中熘豬油的功夫是客家菜的料理基礎，知名的客家米食有大半都要靠熘配頭建立起來，這個技藝就是客家小炒原理，油、鹹、香三種味覺特質。

炒菜講究鑊氣，這也是所有臺灣熱炒店的起點跟精神，很多炒菜放久了就不好吃，客家炒肉跟客家人習慣用的韭菜卻是個例外，冷了吃也無不可。

主食：桃園三號米什錦飯炒香菇蘿蔔乾

臺灣人愛芋香米，桃園三號有小芋香米之稱，這幾年的香米比賽都有好成績，也是廣受沿浪漫臺三線而下的流域農人喜愛的稻種，雖然白米飯就很好吃，但以知名的客家蘿蔔乾做炒飯，或許不需要其他配菜下飯，就可以飽足。

湯品：炆仙草雞湯與筍尖炆大骨湯

客庄餐廳發展特色風味菜，講究一點的奉茶用仙草茶，湯品有一款仙草雞湯可以選，用仙草茶炆雞湯，先炆仙草再煲湯，兩次功夫於是有了深邃的韻味，仙草雞盅是只有在客庄才有的選項，夏日客庄辦桌菜也用它來取代人蔘雞湯成了特色。

所有的竹筍中只有桂竹筍的筍尖最恰當，仍有筍衣包覆的筍尖，箭竹筍太細，其他品種太短，只有桂竹筍的筍尖夠長夠肥厚，有足夠的份量可以滾一大鼎的大骨，最好連豬頭肉都能買到一起滾，唯一的問題是要有大灶，因此，透過這道菜重現大灶或保存大灶的客家風物。

果物：甘露梨桶柑餅與哈密瓜培根

臺三線由北往南，進入苗栗卓蘭到臺中東勢一帶就進入了水果天堂，是臺灣人種溫帶水果神乎其技的區域，甘露梨就是最好的例子。

臺中東勢一位退休的國小老師張榕生，在一九七六年以新世紀梨果芽嫁接於橫山梨枝條上，讓臺灣高接梨進入了高貴的殿堂。九二一大震後，苗栗卓蘭果農劉申權用二十年的心血，以臺灣晶圓梨與日臺混血的新興梨嫁接出連梨心都甘甜的品種，也是目前為大眾所追求的精緻水果。

哈密瓜在臺灣的發展，或者說世界果農的心目中，是最高的挑戰最甜美的果實，卓蘭產區的哈密瓜已經達到連視覺都美的境地。吃法佐以果乾和醃漬肉品更添風味。

甜點：鹼粄與米篩目佐烏糖薑汁和月光餅

客家人夏天吃的粄大部分以在來米（秈米）做成較為清爽，有水粄仔、米篩目和粄粽、粄粄，後兩者共同的特色是用客家人獨有的鹼水製成。

這幾樣甜食最適合與烏糖（黑糖）熬煮的薑汁一起食用，新竹寶山的烏糖是臺灣最好的黑糖食品。

月光餅是客家人的月餅，以番薯製成，有別於現今流行的酥皮月餅，傳統餅皮做成薄片的烤餅，以精巧手藝呈現簡單食材，新埔月光餅為識者所愛。與月光餅同時販售的通常還有一款芋泥餡可以選擇。

飲料：北埔膨風茶與龍潭龍泉茶

這兩款茶已經不是能被客家人獨佔的食品，因為提升到工藝層次的精緻茶，該申請世界非物質文化遺產。

料理風土：
在往山裡去的地方，九種食材從山到海建構出客家飲食

作　　者／蕭秀琴
發 行 人／林宜澐
總 編 輯／廖志墭
執行編輯／林韋聿
封面設計／黃祺芸
內文排版／劉曉樺

出　　版／蔚藍文化出版股份有限公司
地址：110 台北市信義區基隆路一段 176 號 5 樓之 1
電話：02-2243-1897
臉書：https://www.facebook.com/AZUREPUBLISH/
讀者服務信箱：azurebks@gmail.com

總 經 銷／大和書報圖書股份有限公司
地址：24890 新北市新莊區五工五路 2 號
電話：02-8990-2588
法律顧問／眾律國際法律事務所　著作權律師／范國華律師
電話：02-2759-5585　網站：www.zoomlaw.net
印　　刷／世和印製企業有限公司
定　　價／新臺幣 380 元
ISBN 9789865504977
初版一刷／ 2022 年 12 月

料理風土：在往山裡去的地方，九種食材從山到海建構出客家飲食 / 蕭秀琴作. -- 初版. -- 臺北市：蔚藍文化出版股份有限公司, 2022.12
面；　公分
ISBN 978-986-5504-97-7(平裝)
1.CST: 飲食風俗 2.CST: 文化 3.CST: 客家

538.7833　　111018124